ストップthe 熟年離婚

医学博士／性差医療専門医
清水一郎

幻冬舎MC

ストップthe熟年離婚

ストップthe熟年離婚●目次

第1章：夫婦の問題　5

Contents

第2章：夫婦問題の解決 135

第１章：
夫婦の問題

(1) 配偶者との死別や離別後の男性

▼妻との死別後の夫の家事が一大事

男性は、一般に配偶者に先立たれると女性以上にその喪失感やダメージが大きいと言われています。何より**妻への依存度が高かった家事や近所付き合いなどが思うに任せません**。普段から近隣住人と気楽に立ち話をし、物をもらったりあげたり、さらに相談ごとや困ったことだってそれなりに対処してきた妻がそばにいなくなるのです。彼女に連れられて参加していた町内会・自治会のボランティア活動やその他さまざまな地域行事への参加などがおっくうになります。別居の子どもや孫に会いに行くのも、日々の買い物も含め外出そのものが減って、**男性は引きこもる傾向にあります**。

そんなことを真っ先に思い出させてくれたのは10年来私の外来に通院していた健夫さん（仮名、66歳）です。

公認会計士として働く健夫さんは、二人の娘さんから「お父さんは一人になったらどうするの？　食事や身の回りのことなんか、何もしないし、できないでしょう」と指摘され、仕事だけに埋没する自分をなかば自嘲するように話しておられました。私の外来を受診され始めた頃のことです。

しかし、2年前に奥様が突然の病で他界され、既に娘さんたちも他県に嫁いでおられましたから、予想もしていなかった独り身の生活が現実となってしまったのです。当然、自炊できる状態になく、外食が中心で、弁当やお惣菜類の買い物をする程度です。洗濯はできても掃除などは手抜き状態。職場の仲間以外との付き合いがほとんどないそうで、「私が病気にでもなったらどうしたものか」と珍しく弱気なことも口にされるようになりました。

「料理することも楽しいのよ。習いに行ったら」と娘さんに言われる始末。久しぶりに町内会の会合に参加して、財政上の問題をいろいろ指摘したら、「上から目線でちょっと威圧的だ」と後で陰口をたたかれてしまって、ますます出不精になったとおっしゃっておられました。

▼配偶者との死別後、女性は活動的、男性は孤立化

ある調査では、**配偶者と死別し、独り身で生活している女性の約6割が「友人と過ごす時間が増加」し、5割が「外出時間が増加」**したと回答しています。**男性では友人との過ごす時間が増加した人が女性の約半分**にとどまり、逆に友人と過ごす時間が減少した人が女性の3倍近くにのぼっていました。さらに男性の外出時間は増える以上に減ったと回答した人が最も多く、女性のほぼ2倍に達していたのです（第一生命経済研究所、2017年）。

配偶者と死別して独り身の生活になれば、誰とも会話をしないで一人で過ごす時間が多少なりとも増えるのはしかたがありません。その上で、これまでお話の聞けた男性の皆さまのことを考えれば、やはり予想通りというべきなのでしょうか、男性は一緒に時間を過ごす友人が周囲に少なく、自室に閉じこもってしまう傾向がより顕著だったのです。

さらに職場以外での交流や関心事が希薄で、身近な話し相手が妻だけだったりすると、その配偶者との死別により突然の孤独感に襲われることになります。同時に**生活**

リズムや食生活が乱れ、栄養が偏ったりして健康上の問題を引き起こす可能性があるのです。肥満、高血圧、糖尿病やがんなどのいわゆる生活習慣病を発症したり、そうした病気をさらに悪くしたりするだけではありません。中には、日々の意欲や会話が減って物忘れや怒りっぽくなるなどの認知症の初期症状が現れます。また、急な環境変化に対応できず、どん底にいるような沈んだ気持ちや不眠などのうつ状態になったり、はたまたアルコールやギャンブルに依存するようになったりと、**女性以上に健康障害が深刻化**する場合が多いのです。

▼離別後の男性は女性以上に短命

少し古いデータになりますが、こうした男女の健康障害上の違いを結果として示唆する報告があります。

2005年の人口統計資料集（国立社会保障・人口問題研究所）によると、配偶者のいる40歳の女性は、平均するとそれから後約45年長生きするのに対して、配偶者と死別した場合は、後約43年の長生きが可能で約2年短いだけです。さらに問題なのは、離婚すると余命は約40年となり5年弱短命となることです。

ところが40歳男性の場合は、配偶者がいれば後約39年の余命が予想されますが、死別すると余命約35年と約4年も短くなり、離婚するとさらに10年余短命の約29年しか生きられません。**死別でも離別でも、配偶者との別れにより男性の方が女性の約2倍も平均余命が短くなった**のです。

なお、**男女ともに生涯独身でいるより夫婦でいるほうがより長寿**です。

皆さま、おわかりですよね。**配偶者の死別以上に離別が夫婦、特に男性の健康障害に結果として極めて重大な影響**を与えています。繰り返しますが、離別により女性の平均余命が5年弱短くなるものが、男性なら2倍以上の10年余も短命になるのですから、これは見過ごせない事態です。

もちろん、健康や寿命は、生まれ持った本人や配偶者の資質、そして個人を取り囲む社会環境や生活習慣と強く結びついています。だから健康を害し、寿命を縮めた主原因が離婚だったとは断言できません。ただ、離婚への過程と結末が独り身となった多くの配偶者の心身の生活環境や生活習慣を少なからず狂わせたことは否定できません。そのことが男性により強くのしかかっていることも、大いに確からしいのです。

巡り合い、愛し合って結婚したのです。「死が二人を分かつまで」できるだけ長く一緒に過ごしたいし、それ以前に離婚という別れを避けたかったはずです。私自身が懸念している現在進行中の自分の問題でもあります。

日本の夫婦の問題、中でも死別や離別を考えるとき、どうしても前もって触れておくべきことが幾つかあります。その中のひとつが次に述べる長寿大国日本の、夫婦だけで過ごす長い、長い人生のことです。

ポイント

男性は、妻との死別や離別で独り身になると女性より自室に引きこもり勝ちです。家事や近所付き合いなどが思うに任せません。生活習慣が乱れ、アルコールやギャンブルなどの依存症に陥り、女性の場合以上に健康障害が深刻化します。

男性の皆様、「男子厨房に入らず」などと思ってはいないでしょうね。男子だからこそ、厨房に入りましょう。

（2）長寿大国日本の人生100年

▼世界一の日本人平均寿命

長寿大国日本は、その名のとおり常に世界の長寿ランキングの最上位グループにあります。皆さまがよくご存知の平均寿命でいえば、男女ともに過去最高を更新し、2016年データでも、この年に生まれた子どもは、男性が81・1歳、女性では87・1歳の平均余命が予想されています。男女合わせて世界のトップで、データのあるWHO（国際保健機関）加盟の**世界の194カ国中、女性で第1位、男性で第2位の長寿**です（WHO、2018年）。

2016年に出版された『LIFE SHIFT 100年時代の人生戦略』（グラットン L、スコット A著、池村千秋訳 東洋経済新報社）の序文で、日本人は「100年以上生きる時代」などと表現されたことでも話題になり、以後すっかり浸透した「人生100年時代」のキャッチフレーズ。この言葉を裏付けるように、

２０１７年には90歳以上の人口が初めて２００万人を突破し、１００歳以上も過去最多を更新し続け、２０１８年には約６万９・８千人と７万人目前になったと報告されました。**誰もが１００歳まで生きても不思議でない時代**が確実に近づいています。

実際、皆さまの身の回りにも90代でまだまだお元気な方が大勢いらっしゃるはずです。２０１１年から仕事として携わっている私の在宅訪問医療（入院や外来を中心とした医療ではなく、在宅で行う医療）の現場での実感もまったく同じです。80代なら「まだまだ若い」と思える人が本当に多くいらっしゃいますし、90代になってようやく医療や介護のサービスを考慮すべき人が出てくる印象です。

▼人生１００年を生きるご夫婦を紹介

そんな中でも、とびっきり元気でとても仲の良いご夫婦を紹介します。

１０２歳の隆一さん（仮名）と96歳の幸子さん（仮名）夫婦は、住み慣れた自宅で夫婦二人だけでお過ごしです。娘さんは他県に、息子さんは近隣都市に住んでおられます。急な斜面に建つ自宅の玄関へのアプローチ階段で隆一さんが転倒したことがきっかけで、以後の医療機関への通院継続が困難になり、私たちの在宅医療チームが毎月の訪問診療を行うようになりました。

隆一さんは60代の定年まで大手ゼネコンにお勤めでした。ダムやトンネルなどの大型公共事業を請け負って全国を飛び回っている間、奥様の幸子さんは一人残って茶道教室を開いておられたのです。さらに隆一さんは、余暇のほとんどを野球、テニス、ゴルフなどのスポーツに明け暮れたそうです。退職後は夫婦そろってそれまで経験のなかった油絵に取り組まれ、画題を求めては、頻繁に国内外へ旅行に出かけたのです。お二人ともに既に40年前後の油絵のキャリアがあり、確かなデッサン力の上に、30号や40号といった1メートル前後の大きなキャンバスにも風景、花、人物など、様々な対象を力強く鮮やかな色彩で描いてこられました。生意気なことを言うようですが、お二人の力量には甲乙つけがたい味わいがあり、絵からは楽しんでおられる様子がしっかりと伝わってきます。

隆一さんは身の回りのことをほとんど全て幸子さんに任せっきりで、家事を分担するそぶりもありません。だからといって亭主関白な態度とは違い、物腰も低く、笑顔が絶えません。自分が服用する薬などの置き場所をいつも幸子さんに聞いておられ、それに喜々として応じている幸子さんです。まるで大きな子どもをかいがいしく世話をする母親のようです。

ただ、やっかいなことが起こりました。幸子さんの肛門が少し体外に出ていて、痛みが強くなってきたのです。外科的な処置を検討する必要があるのですが、そのための短期間の手術入院自体が大問題となりました。幸子さんは自分が不在の入院期間だけ、隆一さんを食事や介護サービス付きの施設に入所させることができれば、手術を受ける気持ちだったのです。ところが、隆一さんが了解しません。少しの時間でも離れ離れになることが寂しいようですし、身の回りのことが何もできない不安もありそうです。

肛門周囲を支える骨盤底筋と呼ばれる筋肉を鍛える体操を積極的に取り入れ、内科的な処置をさらに加えることで、それからは「以前より痛みが軽減している」と幸子さんはおっしゃって手術を回避しています。

それにしても私は隆一さんが羨ましい。仕事にもスポーツにも打ち込んで、定年退職後は生活スタイルを一変させました。ご夫婦で始めた油絵で、年1回は海外へスケッチ旅行に出かけ、国内では油絵道具とイーゼルを携えて、頻回に遠出をしてきたそうです。間違いなくそれまで以上に親密な会話と、相互理解と絆を深める時間が持てたのだろうと思います。そのことが以後40年にわたる夫婦だけの長い時間を一緒に過ごすことができている最大の理由ではないかと確信しています。

ご夫婦の青春は戦争の真っただ中にあったのです。それ以後も今日の社会とは相当に違った環境、たとえば歴然とした「男は仕事、女は家庭」の世相の中で、隆一さんは自分が望む生活を夫婦で颯爽と過ごしてこられたように思えてなりません。今の私にはとても真似ができないからこそ、やはり羨ましい。

▼人生100年で増える離婚危機

できれば人生が終わるその日まで、誰もに自分の望む生活を貫いてもらいたい。それが容易でないのは、**夫が絶対的な一家の家長として、生涯のほとんどを仕事に費やし、妻が主に夫や家族のために生きた人生50年時代ではなくなった**からです。1947年日本で最初に発表された平均寿命は、男性50・1歳、女性54・0歳で、文字通りの人生50年の時代でした。しかし、**今を生きる全ての男女にとっては、初めての人生100年時代**となったのです。何らかの意図をもってのぞまなければ過ごせないような長い二人だけの生活があるのに、ほとんどの夫婦が、そのために備えるべき対策をしていないからです。

当初、そばにいるだけで心ときめき幸せだったカップルも、仕事でストレスをため、家事・育児でストレスをためて、夫婦関係の満足感や価値観なども変化してきます。パートナーが空気のように当たり前の存在になり、そばにいても新鮮な喜びがなくなってきます。当初は気にならなかったような細かなことに不満が募り出します。そして夫婦の一方か、または双方の不満が軽減されず、解消されずにたまり続けると、夫婦愛は壊れる寸前の危険な状態に陥るのです。

仕事に心血を注いで60代で定年を迎えた後も、子どもが巣立ってすっかり空になった家で、かつてのような家事や育児に惑わされなくなった後も、**それまでいわば無我夢中で過ごしてきた期間に匹敵するような長い人生が残されています**。そんな人生の長い後半が始まる頃に、壊れやすくなった夫婦愛に直面し、それが自分にとって、これからも育むべきものなのかどうかを考えさせられることになります。

二人が合点のうえに、これからの後半人生の日々を前向きに楽しむことになればそれは素晴らしいことです。どちらか一方かまたは双方が折り合って過ごす場合もあるでしょう。そして最も残念なことは、夫婦愛が壊れて真逆の離婚という判断をくだした場合です。**後半人生が長くなれば長いほど、離婚という結末に至る可能性**があるのです。

▼結婚35年以上の熟年離婚の増加

ここでいささか気の重くなる話で恐縮なのですが、人生の後半に現れるかもしれない離婚の現状について説明しなければなりません。

厚生労働省の発表によれば、離婚率（人口1千人あたりの離婚件数）は、1990年の1・3から急速に増え始めています（「人口統計月報年計（概数）の概況」）。2002年にピークの2・3と1・8倍に達した後は減少し、最新の2017年には1・7になっています。この中で、最も離婚件数の多いのが結婚5年未満の夫婦です。結婚してからまだ5年にも満たない一般に若い夫婦の離婚が全体の31～34パーセントほどを占め、第2位が結婚5～10年未満の夫婦です。結婚20年以上の夫婦の離婚件数に限れば第3位となり、全体の16～18パーセントほどを占めています。この20年以上連れ添った夫婦の離婚件数も2002年が最大となり、それ以後、全体の離婚率の低下ほどには減少せず、なだらかに下がってほぼ横ばいで推移しています。

問題なのは、配偶者のどちらかが60代以上であることの多い結婚35年以上の夫婦の離婚、いわゆる**熟年離婚**の場合です。一般には結婚20年以上の夫婦を熟年夫婦と呼ぶのですが、本書では特に**結婚35年以上の夫婦**をそう呼ぶことにします。

熟年離婚の件数そのものはまだまだ少ないのです。しかし、1990年の約1・2千件から2002年には約4・6千件と3・8倍にまで急増しています。以後、20年以上連れ添った夫婦の離婚件数が軽度ながら減少傾向を示すのに、その中の結婚35年以上の熟年夫婦の離婚件数だけに注目すると、逆に増加傾向がなだらかに続き、2017年では約6千件になっていることです。

やはり驚きです。これからまだまだ続く後半人生を前に完全にリセットしようとする男女が増えていることです。今のところ熟年離婚件数が少なくとも、氷山の一角である可能性があります。その潜在的予備軍が大勢待機していても不思議ではないからです。結婚35年以上の熟年離婚ですよ。他人ごとではありません。結婚38年目の私自身の問題でもあります。

本書の後半で熟年離婚に至らないための対策を一緒に考えたいと思います。皆さま、そんな事態だけは絶対避けましょう。

次項で熟年夫婦の妻からの〝三くだり半〟について、さらに詳しくお話しします。

ポイント

誰もが100歳まで生きる時代が近づいています。結婚当初の夫婦愛は次第に新鮮さが薄れ、パートナーへの細かな不満が積もっています。子どもの独立や定年退職の後の新たな長い後半人生が始まる頃になって夫婦愛が崩れるかもしれません。実際、結婚35年以上の熟年夫婦の離婚が増加傾向にあります。新たな後半人生を前に夫婦関係を改めて見直しましょう。

男性の皆様、後半人生はそれまでの生活の延長ではなく、リセットだと覚悟してください。夫婦ともに蓄積した不満を話し合う最初で最後の機会です。

(3) 妻から〝三くだり半〟で増える熟年離婚

▼熟年離婚後の女性の生活不安が改善傾向

「熟年離婚」という言葉は、2005年に渡哲也と松坂慶子が夫婦役で出演したTVドラマの放映タイトルでした。定年退職した夫(渡)に、専業主婦の妻(松坂)が、突然〝三くだり半〟を突きつけます。彼女は、それまで我慢してできなかった仕事を実行に移すのです。当初はまったく納得できなかった彼も次第に彼女を応援する気持ちになっていきます。

流行語にもなった「熟年離婚」は、その後広く浸透して独り歩きします。この言葉には、〝長年連れ添った妻が夫へ要求した離婚〟のイメージが付きまとっていますが、TVの影響だけではありません。実際にも**女性から離婚を訴える場合がはるかに多い**のです。

離婚した夫婦の場合、男性の29パーセントが自分から離婚を望んだのに対して、女性からの要求は2倍を超える64パーセントに達しています。これらの数値には双方とも同時に離婚を希望した割合は含まれていません（「離婚に関する調査２０１６（リクルートブライダル総研調べ）」）。さらに、小学生以下の子どもを持つ夫婦で、「離婚したいと思ったことがある」と答えた夫が35パーセント、妻は２人に１人の50パーセントありました（ＮＰＯ法人ファザーリング・ジャパン、２０１６年）。また40代から50代の夫婦では、「真剣に離婚を考えたことがある」夫が32パーセント、妻では半数近い42パーセントにのぼっていました（ＭＤＲＴ日本会、２００６年）。

女性が熟年離婚に容易に踏み切れない大きな障害のひとつに離婚後の生活不安があります。しかし、**２００７年、女性にとって追い風が生まれました**。この年、**年金制度が改正されて「年金分割制度」が定められた**ことです。

それまで、専業主婦が受け取れる年金は月額６・６万円の国民年金のみでした。それが年金制度の改正で、夫が積み立てた厚生年金の原則半分を妻が積み立てたものとみなし、**熟年離婚しても厚生年金の分割支給が可能**になったのです。

既に専業主婦世帯は減少の一途をたどり、１９９５年前後を境に共働き世帯数が専業主婦世帯数を逆転して上回ってからは、共働き世帯が毎年増え続けています。最新のデータでは**共働き世帯は専業主婦世帯の約1・9倍**にもなっています（独立行政法人労働政策研究・研修機構、2017年）。言うまでもありませんが、共働き世帯には、当初から正規社員として職場で働く女性に加えて、子育てが一段落して外で働くようになった女性が多く含まれています。

そうなのです。自分で稼げるようになった元専業主婦が増加しているのです。老後の生活不安から熟年離婚に踏み切れなかった女性も、老後の生活が保障されるような条件が整い出しています。

▼熟年離婚の奈津子さん

私の身の回りにも熟年離婚者がおられます。

現在63歳の奈津子さん（仮名）は、24歳のとき、勤めていた食品開発部門の7歳年上の上司と職場結婚しました。出産と育児のため半年ほどの休職を挟んで実質25年間、フルタイム勤務で夫婦共働きをしてきました。奈津子さんのご両親の資金援助を受けて一戸建ての自宅を購入し、育児でも相当なサポートをご両親に依存してきたのです。一人娘の結婚と孫の誕生を機に仕事を辞めましたが、この頃から「別れよう」と思うようになったといいます。

元夫は真面目で仕事一筋で生きてきました。異性問題で困ったことはありません。しかし、夫婦に会話がなかったのです。休みに夫婦で外出することはほとんどなく、家事・育児を含め身の回りのこと全てを奈津子さんに任せきりでした。「まるで家政婦でした」と彼女が言います。

「一番は、私が口答えをすること許さず、黙って指示に従わせようとする態度だったと思います。私が口答えしようとしたり、家の中が整理整頓されていなかったりすると、激怒していました。次第に物を投げつけたり、暴力を振るうようになったりもしたのです。それに私が仕事を辞めてからは、要求しない限り、お金を家計に入れてくれませんでした」。医療業務関連のパートタイム業務に就きながら勉強を続け、医療業務管理士の資格を得て、医療機関に正社員として採用されたのです。そして奈津子さん59歳（元夫66歳）、結婚生活35年になったとき、離婚が成立しました。

「離婚直後は、長かった結婚生活を振り返っては寂しい気持ちになり、自然と涙がこみあげてくることもありました。夫に相談もせず、実の両親にばかり依存してきた私も悪かったのです。当初は、確かに離婚という束縛からの解放感より悲しさの方がまさっていたのです。しかし、今は心身ともに充実して全く後悔していません」

もちろん、離婚は夫婦間の微妙で複雑な問題です。単一な理由よりも複数の不満が原因であることが一般的で、男女双方にさまざまな誘因があってのことです。ただし当事者本人にも明確な理由がわからないこともあります。

▼離婚理由

熟年離婚の原因に触れる前に、ここで離婚全般の理由について少し言及しておきます。

2016年の婚姻件数約62万件、離婚件数が約22万件（厚生労働省）で、俗に「3組に1組」の夫婦が離婚していると表現されています。正確にはその年に結婚した夫婦の数に対して約3割に相当するその他の夫婦が離婚していることになります。その離婚理由でよく使われるランキングが、裁判所が公表しているものです。

これらは、夫婦間の話し合いだけでは成立しなかった離婚を裁判所に申し立てた際の離婚理由です。ほとんどに複合した離婚理由があり、それぞれの申し立てで3つ理由をあげた項目を集計しています。ここでも**女性からの申し立て件数が男性の2・6倍多くあります**。

この中で最も多い理由が「性格の不一致」です。

もとより生まれも育ちも違う男女が一緒に暮らすのですから、価値観や性格の違いで衝突するのは当然です。離婚が成立するのは、たとえば〝嫉妬深い〟、〝過度の干渉・プライバシーの侵害〟などのために、外出ができなかったり、喧嘩が絶えなかったりする場合です。その他、「浮気」「暴力・虐待（身体的・精神的）」「親族問題（親族との不仲・親の介護問題）」「金銭的トラブル（浪費ぐせ・ギャンブル）」「セックス問題（セックスなし・異常性欲）」「家庭の放棄（同居放棄・生活費渡さず）」などが離婚理由にあがっています。また、単に「酒を飲み過ぎる」もありますが、過度の飲酒のために喧嘩、暴力、金銭トラブル、家庭の放棄などにおよぶ場合が離婚理由として成立します。

やはり、夫婦関係が破たんするほどの相当な問題が離婚に至るのですが、**それぞれ**

の理由のいわば初期段階のような問題は、夫婦生活において日常的に起こっていると言えます。性格の不一致、喧嘩、酒を飲み過ぎるだけでなく、セックス問題や一時的に家庭を省みなかったり、親族と仲が悪かったりした場合などです。もし、パートナーが浮気、暴力や金銭的トラブルの問題を引き起こしたとしても、変わらずに自分を愛していると信じられれば、離婚に至らなかったのではないでしょうか。

▼夫婦関係の不満の蓄積が離婚を招く

結局は、**夫婦関係の複数の不満が長年にわたって積もり積もって、やがて離婚**という決壊点に達すると考えられます。そこで、離婚原因の前段階となる夫婦関係の満足度に関するデータを述べる必要があります。

図1は1千人以上の対象者に実施した夫婦関係の満足度に関する複数の調査結果です。

図1（1）では、満足度を下げる項目として、「気が利かない」「整理整頓ができない」や「家事を分担しない」「料理の手抜き」「話を聞いてくれない」などが上位にあ

図1　夫婦関係の満足度に影響する項目

(1)「いい夫婦の日」に関するアンケート調査結果

妻から夫への不満項目	
第1位	気が利かない
第2位	整理整頓ができない
第3位	家事の分担をしない
第4位	イビキがひどい
第5位	酒を飲みすぎる

夫から妻への不満項目	
第1位	整理整頓ができない
第2位	気が利かない
第3位	体型が変わってきたところ
第4位	料理の手抜き
第5位	話を聞いてくれない

(2) 夫婦関係満足度を上げる項目

よりよい夫婦関係のために夫婦それぞれが必要な項目	
第1位	配偶者とのコミュニケーション
第2位	あなたから配偶者への「感謝」や「労い」の言葉（夫婦両方の回答集計）
第3位	配偶者からあなたへの「感謝」や「労い」の言葉（夫婦両方の回答集計）
第4位	夫婦二人の時間
第5位	あなた自身の収入の増加（夫婦両方の回答集計）

(3) 夫婦関係満足度とワーク・ライフ・バランス研究

妻の夫婦関係の満足度を下げる項目			
第1位	夫婦共有の主要な生活活動の減少	第6位	夫の失業
第2位	結婚年数の増加	第7位	夫の育児分担の減少
第3位	最初の子どもの誕生	第8位	世帯の預貯金・有価証券額の減少
第4位	平均会話時間の減少	第9位	夫の収入の減少
第5位	夫婦共有の休日の生活時間の減少		

（1）は20～79歳までの既婚男女約1600人のアンケート調査【明治安田生命「いい夫婦の日」に関するアンケート調査資料（2017年）より引用しリスト化】
（2）は小学生以下の子どもを持つ既婚男女2060人のアンケート調査【NPO法人ファザーリング・ジャパン「結婚生活と離婚に関する意識調査報告」（2016年）より引用しリスト化】
（3）は24～35歳までの既婚女性約1000人の経年追跡調査。夫婦共有の生活活動とは「食事」「くつろぎ」「家事・育児」など
【独立行政法人経済産業研究所「夫婦関係満足度とワーク・ライフ・バランス」（2009年）資料より引用しリスト化】

がっています。裁判所の離婚理由のトップ10にも登場した「酒を飲み過ぎる」などの悪しき生活習慣で困っている場合や、「イビキがひどい」「体型が変わってきたところ」などのなかなか解消しにくい身体的不満もありますが、**日々の不満の中心は、広い意味での夫婦間のコミュニケーション（会話、交流、通信など）不足と整理整頓も含めた炊事、掃除、洗濯などの家事全般に関する双方の不満に集約**できそうです。

そして図1（2）では、夫婦関係を今より良くする項目として、「収入の増加」以上に、「配偶者とのコミュニケーション」や「夫婦二人の時間」を上位にあげ、さらに「感謝や労い」の言葉を自分からパートナーに言ったり、またはパートナーから自分に言ってもらったりすることがとても重要だとしています。**夫婦間のコミュニケーションがどれほど大切なものかがあらためて確認**できます。

▼最重要な夫婦のコミュニケーションと家事・育児分担

さらに図1（3）を見てください。妻の不満を引き起こす理由を相互に影響しにくい独立した項目で調査したものです。

「夫婦共有の主要な生活活動の減少」「夫婦共有の休日の生活時間の減少」「平均会話時間の減少」が上位にあがります。ここでいう夫婦共有の主要な生活活動とは、平日の「食事」や「くつろぎ」、休日の「くつろぎ」、「家事・育児」「スポーツ・娯楽・趣味」のことで、休日の生活時間とは、休日の「くつろぎ」、「家事・育児」「スポーツ・娯楽・趣味」に費やした合計時間を意味します。以上は食事などの夫婦共有の活動も含めた夫婦間のコミュニケーションと夫婦の家事・育児分担の問題に深く根ざしています。

そして、熟年離婚の増加と表裏一体となって関係しているのが第2位にランクされた「**結婚年数の増加**」**に伴う満足度の低下**です。それは前述したように当初の夫婦愛が、次第に薄れていく新鮮さや蓄積されるパートナーへの細かな不満などから、時間の経過とともに壊れやすくなることです。さらに、子育ての終了や定年退職などを契機に、その夫婦愛が容易に崩壊するかもしれないのです。しかし、夫婦共有の「食事」「くつろぎ」「家事・育児」などの活動項目数や時間、そして会話時間が増えれば結婚年数の増加による不満を緩和することが可能です。要するに**夫婦間のコミュニ**

ケーションや夫の家事・育児分担が増えれば妻の経年下がり続ける満足度をくい止めることだってできるのです。

また「夫の育児分担」が少ないと、「最初の子どもの誕生」において妻の不満が大きくなります。妻にとっては初めての育児経験で、予想もつかない不安と混乱の時期に夫からのサポートが期待できなかったのですから、強いインパクトを残すのも当然です。逆に夫の育児分担が増えれば、「最初の子ども誕生」における不満度の緩和が可能です。

影響の低い項目として「夫の失業」「世帯の預貯金・有価証券額の減少」「夫の収入の減少」といった経済的問題が妻の不満を引き出すのはしかたないことです。特に専業主婦にとってはかなりの不満となるかもしれません。しかし、**大多数を占める仕事を持つ妻の間では必ずしも離婚につながらない**ことは多くの調査でわかっています。そこに夫婦共有の生活活動や会話時間が十分あれば経済的不満を和らげて、妻の満足度の上昇が期待できるからです。

夫婦愛とは、夫婦関係の満足感や信頼感を根幹としています。ここまでの夫婦関係の「満足感」調査同様に行われた「信頼感」に関する調査の結果を見ると、妻の信頼感に負の影響を与える項目として、「夫の失業」や「夫の収入の減少」などの経済的問題が上位にあがっています。しかし、前述したように大多数を占める仕事を持つ妻にとって離婚のリスクを高めるほどにはなりません。**信頼度も満足度と同じく、やはり、夫婦共有の生活活動や会話時間、夫の家事・育児分担が増えれば、信頼度が高まります**。

その夫婦愛の崩壊を押しとどめているものがあるとすれば、夫にとっても、妻にとっても、子どもの成長だったり、自らの離婚後の寂しさや、健康不安や生活不安だったりするものです。

▼夫婦関係の信頼低下で「受け入れてもらえない」苛立ちが爆発

それでは、熟年離婚を具体的に考えるようになるのはどんなときでしょうか？　たとえば妻からなら、

- 夫は仕事で忙しく、家にいればパソコン、スマホかTVです。私は無視され、私が存在する意味がありません。
- 子育てが終わってみると、自分には何か別にやるべきことがあったのではないかと考えるようになりました。
- 夫の母親の介護で、家事以外の生活の全てを費やしています。このまま私の人生が終わるかと思うと寂しい。
- 退職した夫の平日の食事や身の回りの世話で、自分の時間が制限されるのはウンザリです。

また、夫からなら、

- 家庭でないがしろにされています。飼い犬でさえ私より大切にされていると思えるのに、私は何のために働いてきたのだろうか。
- 私が稼いだ金で妻は優雅に遊んで、私は感謝もされない。
- 私の価値を認めないばかりか、趣味（たとえば、プラモデル、モデルガンなどの収集、鉄道オタクなど）を、妻はくだらないとか子どもっぽいとか馬鹿にしている。

などの思いが妻や夫の心の中で、幾度となく思い巡るようであれば、夫婦愛は壊れる寸前で、熟年離婚への危険なカウントダウンが始まっているかもしれません。

これらの不満の火種に共通するのが、**「自分の存在を受け入れてくれない」ことへの苛立ちであり、「かまってくれない」ことへの寂しさ**なのです。**良好な夫婦関係の条件が、親密さや充足感を配偶者に求めて、それにどれだけ応えてくれるかに関わっている**のですから、夫婦関係が揺らぎだせば、当然おこる感情なのです。

この苛立ちや寂しさから、これまでも大なり小なりの夫婦喧嘩が起こっていたはずです。しかし、もし、夫婦間のコミュニケーションや家事・育児（と後述する介護）の分担がお互いに納得できる状態であれば、このような爆発寸前ともいえる不満の火種は存在しなかったはずです。

夫婦関係の満足感や信頼感が損なわれているからこそ、「自分の存在を受け入れてくれない」苛立ちや「かまってくれない」寂しさが夫婦喧嘩を引き起こします。

一般に女性のほうが夫婦関係に気を配って、自分の存在を受け入れて欲しいという気持ちをしっかり自覚しています。男性は感情や欲求を抑えて問題の解決を優先し、夫婦の感情的、情緒的な関わりよりもむしろ冷静な関係を好む傾向があります。要するに表面的には、**女性は意識を言葉で表現しますが、男性はむしろ女性との対決を避け、沈黙する傾向**があります。このため、夫婦喧嘩となれば、夫の沈黙がますます妻の苛立ちに火を付ける悪循環に陥るのです。

まあ、こうした夫婦喧嘩の修羅場は、何もあなただけではありません。私も含め、多くの世の男性が直面するものです。

ただし、夫婦喧嘩を引き起こすキッカケは、実際には極めてささやかな出来事の場合が多いのです。たとえば、「約束の時間に遅れた」だとか「洗濯物を取り込んでない」などなど。そこから「あなたはいつもそうだ」となり、これまでくすぶってきた不満の火種に一気に引火するのです。このとき不思議にも、「自分の存在を受け入れてくれない」苛立ちや「かまってくれない」寂しさが言葉や感情として意識に上がってくることはありません。現実の表面的な出来事に執着するために、自らの心の奥底を自覚できていないのです。だからこそ、夫婦喧嘩の悪循環のキッカケとなる感情を見つめ直しさえできれば夫婦関係は改善する可能性があります。そうなのです、**お互いが自分の存在を認めて欲しいとか、かまって欲しいという夫婦愛が根底に存在していることを理解できれば、夫婦関係改善のキッカケになる**のです。詳しくは本書の後半で述べます。

▼妻は夫の退職後の在宅を期待していない

少しわき道にそれますが、あえて付け加えておきます。先に列記した不満の火種の具体例の中で、親の介護の女性負担は、昨今大変クローブアップされている問題です。人生100年時代になったからこその問題ともいえます。妻の介護負担について、夫婦間で納得できる会話を重ね、感謝や労いの言葉をかけるなどの思いやりがなければ、夫婦関係が改善される機会を失ってしまいます。

さらに、夫の退職後、「夫婦でいる時間が増えることは嬉しい」と思っている男性が48パーセントいますが、女性は約半分の27パーセントです。さらに、「嬉しくない」と思う男性が17パーセントしかいないのに、女性ではほぼ2倍の33パーセントもいることです（ＭＤＲＴ日本会、２００６年）。

60代からの人生が長くなればなるほど、退職後に夫が自宅で長く過ごすことを夫婦ともに希望しない割合が確実に増えているのです。老後の生活不安を理由に再就職する夫が急増しているのも納得できますし、自分から何かすることがないのであれば、自宅には居りづらいと言えるかもしれません。現在、**多くの妻が夫の退職後の在宅時間を期待も希望もしていない**からです。

さらに**男性の趣味は、本来、子どもっぽいもの**です。女性が妻から母になれても、男性は子どものままです（単に自覚がないとも言えます）。子どものときに欲しくても手に入らなかった物が、余裕ができて可能になるとそのことにしか眼中にありません。さらに困ったことにそんな趣味の世界に閉じこもり、妻を含め周囲の声に全く耳をかさない状態になってしまうことです。男性は脳の構造上、ひとつのことに集中する傾向があるからです。

ですから、女性の皆さま、どうかそんな男性の嗜好を理解して欲しいと願っています。もちろん、男性の皆様におかれては、好きなことができるのは家族の理解と協力があってのこと。感謝と労いの言葉を忘れないでください。

私も含め日本男性にとっては、上述したような調査結果などを認識しておく必要があります。その中でも、妻の夫婦関係の満足度を引き下げているのが食事などの夫婦共有の時間も含めたコミュニケーション不足と夫の家事・育児分担や後述する介護負担の少なさです。この上にさらに「**自分の存在を受け入れてくれない**」や「**かまってくれない**」**などの否定的な感情が湧き上がるよう出来事が重なれば、妻の不満は爆発寸前になるのです。**

次項では、前者の日本男性における夫婦間のコミュニケーション不足について取り上げます。

ポイント

夫婦間のコミュニケーションや家事・育児負担の不足などへの長年の不満が改善されないと熟年離婚の誘因になります。離婚を望みながら熟年離婚に踏み切れなかった女性も、２００７年の年金制度改正で離婚後も年金が分割されるようになり、老後生活が保障されるような条件が整い出しています。

ただ、離婚でなくても、老後生活への不安は熟年夫婦の最大とも言える懸念事項です。積極的に検討することが、逆に夫婦の連帯感などを高めて離婚危機を押しとどめます。

コラム１　「卒婚」の卒業

「卒婚」の命名者は、『卒婚のススメ』（静山社　２００４年）の著者の杉山由美子さんです。卒婚とは、読んで字のごとく「結婚を卒業」すること。その卒婚が意味するのは、パートナーを束縛しないゆるやかな結婚生活の中で、夫婦それぞれの生き方を楽しもうというもの。もっと具体的には、子どもが巣立って、後は二人で余生を送るだけとなった定年か、定年間近の夫と妻が、離婚をせずに別居、あるいは家庭内別居して、お互いのライフスタイルで生きていくことです。

私自身はこうした結婚生活後半の見直しがとても大切だと思っています。卒婚は形態的には別居（家庭内別居も含め）そのものです。別居生活を経験することでパートナーの良さも自己反省も生まれます。まさに結婚生活を見直して、今までにない新たな夫婦関係を始められるかもしれないのです。マスコミで取り上げられた「ものまね四天王」の一人、芸能人の清水アキラさん（1954年生まれ）の「卒婚を卒業」したお話をしたいと思います。

発端は、2013年11月のTV番組内で、清水さんが長野県内に移住し、「好きな魚釣りや家を直したりしている」だけで「ただ結婚生活の卒業です」と悠々自適の生活を楽しみながら、長野と東京を行き来する現況を報告したことです。一方、34年間連れ添った奥様は「私は（長野での生活は）ダメ」と東京住まいを選択されたのです。

ところが、2015年3月のTV番組内では、「(卒婚による一人暮らしは)実際やってみると大変。洗い物は洗わないし、洗濯物は洗濯しない」ことになり、1年4カ月にわたった卒婚を卒業して東京に戻ったことを報告したのです。おかげで、フルリフォームした長野の一軒家は雪かきする人もおらず放置状態。自慢の露天風呂も雪に埋もれているとか。

清水さんは奥様の大切さを再認識し、妻が出掛けるときには「チューしなきゃマズいだろ」と新婚時代を取り戻しているそうですよ。別居生活バンザイ!

（4）夫婦間コミュニケーションが少ない男性

▼コミュニケーションに優れる女性、努力を怠る男性

国や種族を問わず、男女のコミュニケーション（会話や交流など）機能に関して、一般に明らかな性別による違い、すなわち性差のあることを、最初にお話ししておきます。

パワーに勝る男性は、太古の昔、集団で獲物を追って狩猟に明け暮れ、育児に優れる女性は、相手の表情や感情を読み取り、仲間との共同作業を円滑にすすめるために不可欠のコミュニケーション機能を磨いてきました。女性にとって思いを共有することがコミュニケーションなのです。それからの長い歳月を経て、男性は高い評価を獲得するための競争過程で、**競争意識の対象外となる友人や家族を当たり前の存在とみなし、女性に比べて対人関係をよりよく構築する努力を怠ってきた**といえます。**コミュニケーションは主に問題解決のための手段**なのです。一方で、対人関係を維持するのは、野球やサッカーなどのスポーツを一緒にしたり、観戦したり、または酒を飲

み交わすなどの物理的な目的があれば可能だったりするのです。それらには必ずしも高度なコミュニケーションが必要でないからです。

このような性差はもちろん日本男性もまったく同じです。特に妻を、まるで空気のように当たり前に存在しているものとみなし、よりよい夫婦関係を築くために積極的にコミュニケーションを増やそうとしません。

そして日本男性には、さらに悪い事情が重なります。職場で過ごす労働時間があまりに長すぎて、家庭で過ごす時間があまりにも短いことです。当然ながら、夫婦間のコミュニケーション時間を圧迫しています。

▼労働時間の長い日本男性

皆さまよくご存知と思いますが、**日本男性は、世界の中でも労働時間が長い**ことで知られています。週あたり49時間以上の長時間労働者比率でランキングすると、国際機関ＯＥＣＤ（経済協力開発機構）加盟の高所得国31カ国中、韓国38パーセントに次いで日本は世界第2位の23パーセントを占めています。ちなみに米国なら15パーセント、フランス12パーセントです（２０１３年）。そして、これら４カ国の既婚男性（ホワイトカラーが大半を占める職種に限定）の帰宅平均時間を調べると、米国が午後６時10分、フランス午後７時１分、韓国午後８時10分で、日本が最も遅い午後８時37分でした。日本の男性は残業時間に加えて、始業前や終業後の待機時間があり、さらに長い通勤時間が重なることで帰宅時間が極めて遅くなっています（連合総合生活開発研究所「生活時間の国際比較─日・米・仏・韓のカップル調査」、２００９年）。

職場にいる時間が極めて長く帰宅時間が平均午後８時30分台となれば、**家庭で過ごす時間を必然的に縮小せざるを得ない**のです。その中で、夫婦や家族で共有できる絶対的時間が確実に制限されます。

顕著に表れたのが、夫が家族と一緒に夕食を摂る頻度です。図２（１）は「必ず毎日」夕食を一緒にする頻度を前述の４カ国間で比較したものです。フランスなら50パーセントを超える夫が、米国の夫なら32パーセントが「必ず毎日」一緒に食事ができるのに、日本では16パーセントでフランスの３割、米国の半分にしかならず、韓国に次いで少ない結果になったのです。

図2　4カ国の夫の生活時間調査

（1）「必ず毎日」家族と夕食を一緒にする頻度

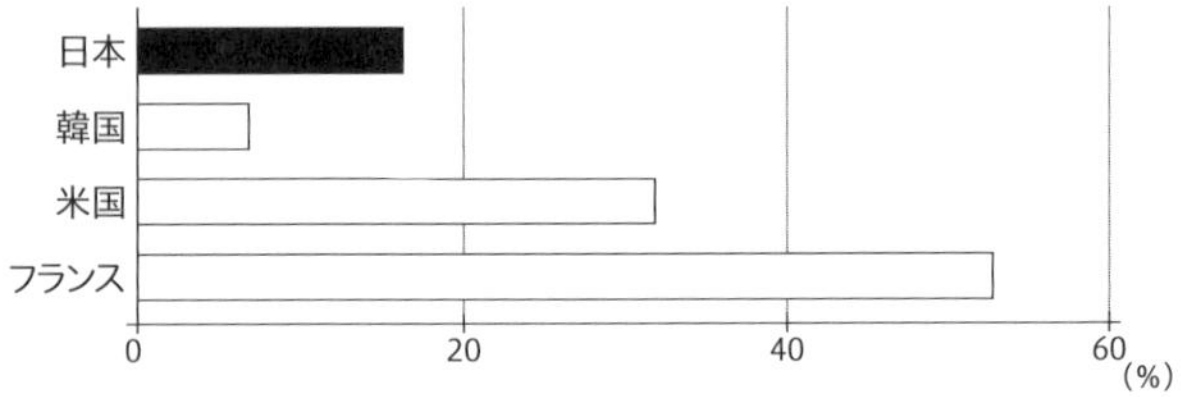

（2）毎月の自由時間活動の参加頻度

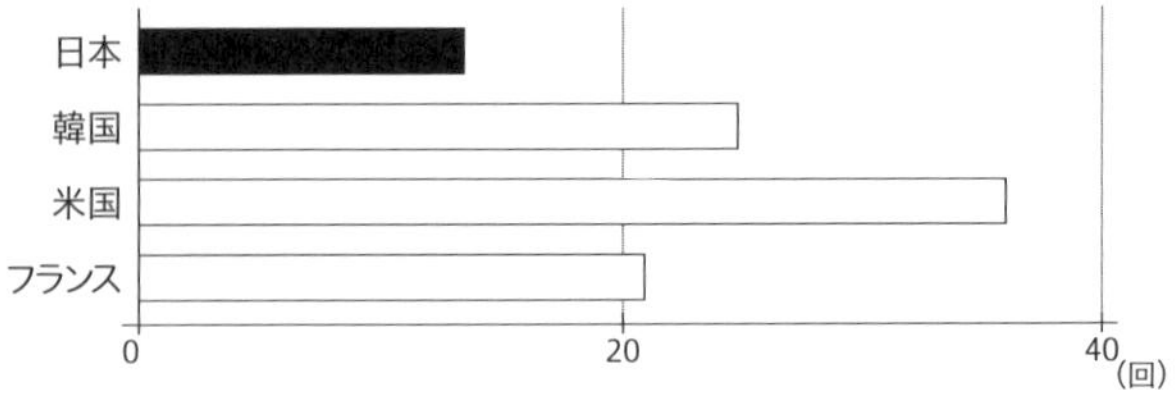

日本、韓国、米国、フランスの都市部に居住する50歳未満の各国400以上のカップルに対するインターネット調査。
（1）は、夫が夕食を「必ず毎日」家族と一緒にする頻度。
（2）は、夫が自由時間に「家族で外出」「友人・知人との交際」「エクササイズ」などの活動行為に参加する月あたりの回数。
【連合総合生活開発研究所「生活時間の国際比較―日・米・仏・韓のカップル調査」（2009年）資料より引用しグラフ化】

それなら休日などの自由時間に夫婦や家族と過ごす時間をもてればよいのですが、残念ながらそれも実際はできていません。図２（２）は自由時間に「家族で外出」「友人・知人との交際」「エクササイズ」「自宅外での映画の鑑賞・スポーツ観戦」「地域活動や宗教活動」など７つの活動を取り出して、月あたりのこれら活動回数を調べたものです。日本の夫は、４カ国中最低の活動回数でした。

「平日は仕事で疲れきっている。たまの休みぐらい家でゆっくりさせてくれよ」と夫の（心の）声が聞こえてきそうです。心配なのは、日本の男女ともに、運動習慣を含めた外出機会がここ最近10年間ほとんど増えていないことです（厚生労働省「国民健康・栄養の現状」、２０１８年）。

▼夫婦の会話が少ないと夫婦関係の不満が爆発

まったく自慢できることではありませんが、少なくとも私自身は30代から40代にわたって、職場での仕事時間がともかく長く、自宅には寝に帰るだけのことが多かったのです。夕食は外で済ませたり、自宅でかなり遅い時間に妻が用意した食事を一人で食べたりしていました。いつ帰るかわからないので「先に寝て」と念を押していましたから、妻と十分なコミュニケーションがあったとはとても言えません。深夜の食事です。心身の健康にも良いはずがありません。今、振り返って、このとき、おそらくは妻は「大切に思われていない」と寂しい気持ちになっていたのだろうと反省しています。心のどこかで、**一家の大黒柱として「私が家族を養っている」との思い込みがあり、自らの生活態度や夫婦関係を正当化**していたのです。

より具体的に夫婦間の会話時間が調査されていますが、1・5千人以上の対象者に実施した調査であっても報告間の結果に相当な違いがあります。調査項目や方法などを標準化しにくいことで国際比較を困難にしています。

たとえば、2016年の国内報告では、「夫婦関係に満足」している夫婦の会話時間が、平日58分、休日2時間で、「夫婦関係に満足していない」場合は、平日18分、休日42分でした（NPO法人ファザーリング・ジャパン）。

さらに2017年の報告では、会話時間平均が平日1時間38分、休日4時間13分でした。この中で、「夫婦円満」と答えた夫婦の場合、平日1時間53分、休日4時間57分で、「夫婦円満でない」場合は、平日40分、休日1時間41分だったのです（明治安田生命）。

両者の調査を比較しやすいように表現を変えると、夫婦関係の満足度が高い夫婦の平日会話時間平均が、前者の調査が58分、後者が1時間53分と報告され、2倍の開きがあります。低い満足度の夫婦では、平日が、前者で18分、後者で40分となり、ここでも2倍の違いを認めます。ただ、両者の調査で、**満足度が高い夫婦の会話時間は、平日でも休日でも同じように、満足度の低い場合の実に3倍も長かった**のです。そして、**満足度の低い夫婦では、「離婚を考えたことがある」**のですから、夫婦関係の満足度にとって会話に代表される状況がいかに大切なものかがわかります。たかが会話時間ではなく、夫婦関係を象徴していると言っても決して大げさな表現ではないのです。

国際比較と言えば、2011年放映のTV番組で「1日あたりの夫婦の会話時間ランキング（50カ国）」がありました。日本は夫婦会話時間53分と報告され、50カ国中

48位とほぼ最下位でした。最上位は順に、オランダ、ポルトガル、ブラジルなどでいずれも1日平均2時間以上だったのです。調査方法が明確でないので、コメントしにくいのですが、まあ、調査方法がどうであれ、結果として日本の下位脱出は困難だろうと思います。

夫婦間のコミュニケーションで忘れてはならないのが、最も大切なセックスです。スキンシップも含めたセックスこそが、パートナーの心と身体にダイレクトに作用する強力なコミュニケーションだからです。次項で、その大切なセックスが日本の夫婦で損なわれている事実をお話しします。

ポイント

女性は、相手の感情などを読み取って高いコミュニケーション能力を発揮します。男性は妻を当たり前の存在とみなし、積極的なコミュニケーションをとらない傾向があります。さらに日本の男性は職場で過ごす時間が長く、妻との夕食や外出の機会も少なくなっています。会話時間が少ないと、大げさでなく「離婚を考える」妻が出てきます。

男性の皆様、平日の夕食を妻と一緒に摂って30分以上の会話をし、休日は夫婦間で1時間以上の交流が必要です。妻の不満もあなたの心身のストレスも軽減されます。

（5）世界一のセックスレス夫婦

▼セックスは最高のコミュニケーション

セックスはパートナーの心と身体に即効的で強い影響力を持つコミュニケーションです。**セックスがカップル相互の心身をいやし、絆を深め合う**からです。これ以上のコミュニケーションは他にはありません。

それなのにですよ、とても残念な報告が海外から飛び込んできました。

2005年、日本人が世界で最もセックス回数の少ない国民だと名指しされたのです。大手コンドームメーカーのデュレックス社（英国）が世界41カ国の年間セックス回数を調査し全世界に配信したもので、**第一位のギリシャの138回に対して、日本はその3分の1にも満たない45回で、他国から完全に取り残された最下位**でした。

週に換算すると日本人のセックス頻度は週平均1回にも満たないのです。ただし、この報告では調査方法が不明でした。翌2006年になって、同じデュレックス社か

図3　26カ国の週1回以上のセックス頻度比較

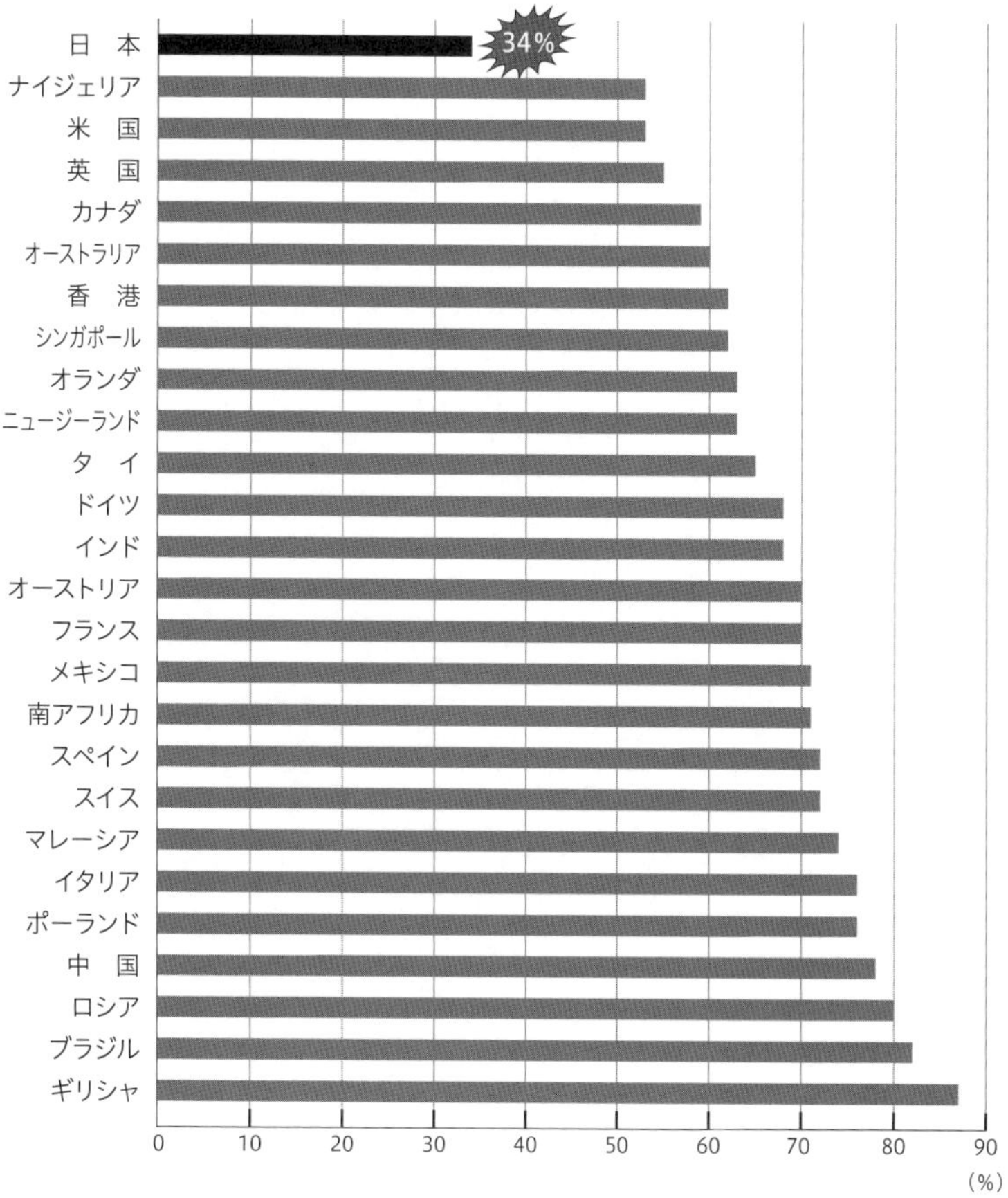

各国16歳か18歳以上の1千人を対象に調査。2005年の41カ国調査報告と比べると、日本とギリシャの最下位、最上位は変わりませんが、中でも米国や英国では上位グループから下位グループに転落しています。

【デュレックス社「世界各国のセックス頻度と性生活満足度（26カ国）」（2006年）資料より引用しグラフ化】

ら新たなセックス頻度調査結果が報告されました。これには調査方法も併せて公表され、各国16歳以上か18歳以上の1千人の回答者を抽出して、26カ国で実施したものでした。

それが図3で、**週1回以上のセックス回数の頻度**を調べたものです。残念ながら、ここでも日本は他国から大きく引き離されて最下位に沈んでいます。ギリシャの87パーセントを筆頭に**全ての国が50パーセントを超えているのに日本だけが半分以下の34パーセント**だったからです。ちなみに日本に次いで頻度が低かったのは米国とナイジェリアの53パーセントでした。

そして、週1回以上のセックスが日本の34パーセントにみられるのですから、残り約7割の男女のセックス頻度は週平均1回にも満たないことになります。これは前年（2005年）に発表された日本の年間セックス回数48回の報告をほぼ裏付ける結果となっています。

▼日本のセックスレスはごく普通のこと

セックスのない状態を一般にセックスレスと言っていますが、厳密にセックスレスとは1カ月以上セックスのないことを意味します。夫婦のセックスレスの場合、**「セックスをする気がない」が大半を占めて、実際に「セックスができない」状態はそれほど多くはありません。**もちろん、70代以上でもまだまだ現役であり、30代でも「セックスができない」と悩む方がおられます。要するに心身に問題がなくても、セックスレスは起こります。

日本家族計画協会は、全国の16歳から49歳の夫婦を対象にセックスレスの状況調査を2004年から2年毎に実施しています。その結果、夫婦のセックスレス割合は2004年の32パーセント以降、調査の度に増え続け、2016年には47パーセント、すなわち**約半数の夫婦がセックスレス**に突き進んでいるのです。

しかも、セックス回数は、既婚者でも未婚者でも、カップルの年齢が上がるにつれて明らかに減少しています。日本のあるコンドームメーカーが1万4千人の男女を対象に月平均のセックス回数を調査しています。20代の男女が月平均4・2回の頻度ですが、年代を重ねるごとに減り続け、50代男女では月平均1・4回、60代では月平均1回しかセックスしていないのです（2013年）。

結婚年数が長くなればなるほど、セックス回数が減っていくのは、万国共通なのですが、日本ほど極端ではありません。たとえば米国の例を紹介します。米国は、前述した26カ国の週1回以上のセックス頻度を比較した中（図3参照）で、最下位の日本の34パーセントに次ぐ53パーセントのセックス頻度でした。確かに頻回のセックスは加齢とともに減少していますが、驚くのは、月に数回のセックス頻度だと男性なら年代を重ねるごとにむしろ増加傾向があり、20代が30パーセント台の頻度であったものが、50代で40パーセント台になります。女性なら20代でも50代でもほぼ変わらず30パーセント台の頻度を維持していることです（マイケルRT、他『セックス・イン・アメリカ はじめての実態調査』日本放送出版協会 1996年）。さらに2017年米国の専門研究機関調査では、70代以上で以前よりセックス回数が増加していると報じています（2017年）。

世界の状況がどうであれ、極めて特異的としか言いようのない日本では、夫婦のセックスが1カ月以上なかったからといっても、それはもはや世間一般のごく普通のことで誰もが深刻に考えたり、早急に改善しようとしたりしない時代になっているのです。まさに**セックスが軽視されるセックス受難時代**です。

▼EDの原因

現実にセックスができない場合を**ED**《イーディ》（**勃起不全**）と呼びます。EDには、身体になにがしかの問題があってセックスできない器質性EDと、主に精神的な問題から引き起こされる心因性EDがあります。心因性EDは勃起機能に問題がないのですから、正確には「する気が起こらない」状態です。EDの大半が後者の心因性EDに由来しています。

EDについては自著『老いない性ライフ　2つの重要なホルモンで活き活き』（西村書店　2017年）で詳しく述べていますが、ここで簡単に触れておきます（図4参照）。

器質性EDは、勃起機能に必要な男性ホルモンのテストステロン、ペニスとの連絡

図4　EDの主な原因

器質性ＥＤ （勃起機能に問題あり） の主な病気	男性更年期障害 うつ病 前立腺肥大症 生活習慣病（肥満、高血圧、糖尿病など） 神経障害（脳卒中、認知症など）
心因性ＥＤ （勃起機能に問題なし） の主な原因	職場や家庭のストレス セックスの不一致（パートナーが「その気」にならないなど） 子づくりのプレッシャー 過去のセックスの失敗

【清水一郎『老いない性ライフ 2つの重要なホルモンで活き活き』（2017年）より引用しリスト化】

をつかさどる血管や神経のどれかひとつでも障害されると引き起こされることになります。

器質性ＥＤのひとつ、男性更年期障害は、テストステロンが明らかに減少することで男性らしさが失われる病気です。閉経によって女性ホルモンのエストロゲンが急激に減少して発症する女性の更年期障害の男性版ともいえます。ただ、女性が一般に50歳前後の閉経を契機とするのに対して、男性の場合は、テストステロンが20代からなだらかに減少しているために、30代で発症する人もいれば、70代になっても発症しない人もいます。女性だけでなく、男性にも更年期障害があることを認識してください。

その他、**生活習慣病の肥満、高血圧、糖尿病、脳卒中やさらにはうつ病、前立腺肥大症や認知症などの病気でもＥＤを発症**します。この中で、前立腺は、40代以降加齢とともに肥大傾向を示し、やがて尿の回数が多くなる（頻尿）などの症状が現れる前立腺肥大症となります。こうした前立腺肥大症だけでなく、うつ病や男性更年期障害なども、病気がそれほど進んでいない段階では、明確な自覚症状に乏しく、ＥＤの原因としてひとつの病気を特定しにくいことが少なくありません。実際問題として特に肥満などの生活習慣病が根底にあると、男性更年期障害、うつ病、前立腺肥大症などの病気が発症しやすくなって、単独の病気に複数の病気が重なってＥＤの原因となっている場合も多いのです。

▼セックスできない夫とセックスしたくない妻

心因性ＥＤの原因として、職場や家庭のストレス、パートナーが「その気」にならないなどのセックスの不一致、過去のセックスの失敗などの広い意味の精神的ストレスが、一般には折り重なってＥＤに陥っていきます。困ったことに、心因性ＥＤが続けば、テストステロンが減少するなどして器質性EDになることにもなります。

それではなぜ夫婦はセックスに積極的になれないのでしょうか。

日本家族計画協会の2017年度報告（**図5参照**）では、**男性で最も多い理由が「仕事で疲れている」ことで、女性では「面倒くさい」ことが一番**でした。一般に「セックスできない夫」や「セックスしたくない妻」と呼ばれたりするのもこうした理由背景があるからです。ただ、女性にも男性同様に「仕事で疲れている」ことが上位にあり、男女に共通して「出産後何となく」があります。また、「家族（肉親）のように思えるから」の理由は男性に特異的です。

男性も女性も日々の仕事で疲れ、女性は出産すると家事に加えて育児に追われ心身の全てを注ぎます。そのうえ男性が家事・育児分担をおろそかにするようなことがあれば、なおさら不満感が募って、「出産後」には「セックスしたくない」かもしれないのです。パートナーとのセックスが結婚後次第におろそかになってきていても、しかたのないことだと自覚しています。もはや、**セックスが夫婦生活にとって不可欠な**

図5　夫婦におけるセックスレスの理由

	女性	男性
1位	面倒くさい（22.3%）	仕事で疲れている（35.2%）
2位	出産後何となく（20.1%）	家族（肉親）のように思えるから（12.8%）
3位	仕事で疲れている（17.4%）	出産後何となく（12.0%）

対象は16～49歳の夫婦1千人以上
【日本家族計画協会「男女の生活と意識に関する調査」（2017年）資料より引用しリスト化】

ものだとは思っていないのです。

結婚して3年もすればセックスレスになるのはごく普通になっています。パートナーへの当初のドキドキ感が薄れ、新たな家族として子どもが誕生したりするのですから、パートナーに注がれる気持ちだって分散されます。家族の日々の生計を立て、仕事や家事を滞りなく遂行しなくてはいけません。夫婦ともに経済的・精神的・肉体的ストレスが個人に重くのしかかってきます。夫にとっては、妻を空気のような存在として認識するようになり、「家族（肉親）のように思えるから」の理由もそんな意識が根底にありそうです。それどころか、夫婦が歳を重ねてなお頻繁にセックスすることを自嘲的に考える風潮すらあります。

そんな心身ともに余裕のない状況で、セックスやその前後の行為を「面倒」に感じても無理はありません。そしてセックスレスの期間が長ければ長いほど、セックスそのものへの関心を失い、ますますセックスがおっくうになってしまいます。「セックスできない夫」や「セックスしたくない妻」が増えても当然かもしれません。

▼夫婦愛はスキンシップと会話から

夫婦の間でここまで広く深くセックスが軽んじられ、セックスレスが蔓延している事実は、とても残念です。

ただ、セックスには極めつきの優れた作用があることはお伝えしなければなりません。**性的興奮の絶頂であるオーガズムや射精の瞬間、愛情ホルモンやコミュニケーションホルモンとも呼ばれるオキシトシンがきわめて強く分泌される**からです。

オキシトシンは、イライラ、不安、落ち込みや怒り、または不眠、食欲低下や冷えなどのあらゆる心と身体のストレスを抑え、気持ちを前向きにして、夫婦愛に不可欠の満足と信頼を与えてくれるホルモンです。何より愛情ホルモンでありコミュニケーションホルモンですから、**キスやハグ、手をつなぐだけのスキンシップや、さらに楽**

しい会話でも分泌が高まります。生身の人間と対面して初めて威力を発揮するホルモンだといえます。

特に皮膚感覚に優れた唇や舌、そして指を使ったスキンシップが、オーガズムや射精に匹敵するくらいに強くオキシトシン分泌を高めてくれることです。セックスに愛撫が重要なことは、「前戯」として一般に男性も認識しています。しかし、実際には多くの女性が性器の合体行為と同等かそれ以上に、ただ愛撫されているときに幸福に満ちた気持ちになっています。中でも女性の乳首には、この満足と信頼にあふれるホルモンの分泌を促す神経が集中しています。感じ方に個人差はありますが、乳首への愛撫や赤ちゃんの授乳行為により強い幸福感を感じる女性が多いのはこのためです。

性的な愛撫は、決してセックスの前座のようなワンランク下の行為ではありません。どんな場面であっても、**優しく触れられることで人は自分が必要とされていると感じることができます**。だからこそ相互に触れ合うことで、夫婦間の満足と信頼が高まり、絆が深まるのです。

▼スキンシップと会話がセックス復権の第一歩

反対に、**優しいスキンシップが不足するとオキシトシン作用が低下**します。女性の場合、女性ホルモンのエストロゲンとプロゲステロンが月経周期に連動して交互に分泌量が増えたり減ったりすることで、精神的に不安定な状況が発生しやすくなります。この2つの女性ホルモンがストレスの誘因となる自律神経の交感神経と副交感神経に作用するからです。ストレスとは、元気な「興奮」モードを刺激する交感神経が過度に優位となり、癒しの「やすらぎ」モードを促す副交感神経が過度に抑制されている状態です。こうしたストレス機序の中で、エストロゲンが副交感神経に、プロゲステロンが交感神経に、常に月経周期に合わせて周期的に作用することで、自律神経が不安定になりやすく、何らかの心身の変化に直面して、ストレスを引き起こしやすくなっているのです。女性が、イライラ、不安、気持ちの落ち込みや不眠などの心身の不調をきたしやすい傾向があるのもこうした女性ホルモンの影響があります。そのうえに**オキシトシンが低下すれば、パートナーのセックス要求に嫌悪感をいだいたり、不感症になったりする**ようになります。

一方、男性の場合では、スキンシップが少なくなると、後で詳しく述べますが、根底に存在しているテストステロンの征服的・狩猟的性格を促す作用がときにいびつな状態で前面に現れます。**パートナーの気持ちを思いやれず、独断的、攻撃的な傾向をしめすようになったり、直接的なセックス行為以外のスキンシップに無関心になったりする**ことです。

今さら言うまでもなく、性器の合体行為だけがセックスではありません。セックス受難時代の今日だからこそ、日々の夫婦生活により一層のスキンシップと会話が求められています。なぜなら、繰り返しになりますが、ともに夫婦間の愛情と信頼を育むスキンシップと会話が少なくなれば、男性の性欲は独りよがりとなり、女性の性欲は否定的なものにおちいってしまいます。これではセックス本来のコミュニケーションから遠ざかるばかりで、心身をいやすことも絆を深めることもできないからです。

セックスとは肌が触れ合う男女間の全ての行為のはずです。たとえ性器の合体行為が少なくとも、**日々のスキンシップと会話を大事にする**必要があります。それこそが、**セックス復権の第一歩**であり、**今までにない愛情に満ちた心身の交流が育まれるはず**です。

ポイント

日本の夫婦は世界一のセックスレスです。しかし、セックスの瞬間だけでなく、優しいスキンシップや楽しい会話でも、愛情を促すホルモンのオキシトシンが分泌されます。たとえ性器合体の行為がなくとも、スキンシップと会話が結婚生活に不可欠です。

キスはおろか、手をつなぐこともないというのは、夫婦のエチケットに反します。たとえば外出先で扉への誘導やテーブルの席に着くときなどに、パートナーの肩や腕に手を添えたり、一緒に写真を撮るときなど、さりげなく相手の腰に手を回すことなどは当然です。

コラム2　男と男の愛

今日、男と男が愛し合う例は決して多くない、と言うべきか、はたまた決して少なくないと言うべきか。2015年に発表された日本の約7万人のアンケート調査で、男性同性愛者（ゲイ）が0・9パーセント、女性同性愛者（レズビアン）0・5パーセント、両性愛者（バイセクシュアル）1・7パーセントだったのです（電通ダイバーシティ・ラボ）。しかし、日本でなら江戸時代の武家社会でもっと多かった事実があります。いや、さらにもっと太古の昔から、男女の恋愛同様に男と男の性行動は存在していたらしいのです。

男どうしの愛は、人類の祖先が生き延びるために、小さくはない重要な役割を果たしていたと考えられているからです。それは、人類に最も近いチンパンジーなどの動物の行動や、人類のこれまでの歴史や世界の様々な文化の調査から明らかになりました。

すなわち、男と男の性行動は男どうしの絆を強め、結果的に集団の結束を高めることになるのです。それが生殖につながらない性行動であっても集団の結束を固める接着剤の役割を果たして、たとえば食糧の調達や敵との戦いに役立ったはずです。そのおかげで集団全体の生存率が高まり、女性を確保して集団内の生殖を促進したからです。

だから、男どうしの性行動に参加した男は、そうでなかった男よりも生存率が高く、脈々と遺伝子を後世に残していった可能性があります。実際、一卵性双生児の研究から、片方が同性愛者である場合、違った家庭環境で育ったもう一方も同性愛者である確率が高まっていたのです。たしかに、男どうしの排他的な性行動に参加した男は女性と交わることはなく、生殖に至ることはなかったとしても、同性愛が遺伝子関連の影響を受けているのは確かなようです。

あらためて現代の欧米に顕著にみられる男性同性愛について言及します。

2012年に発表された米国の18〜44歳の同性愛者は、男性で1・7パーセント、女性で1・1パーセント。これらは日本の倍前後の数字です。両性愛者は、男性1・1パーセント、女性3・5パーセントでした（米国政府調査統計）。

実際先進国では、生きていく上で必ずしも男女ペアのカップルである必要がないと考えられています。ただ、男性同性愛の二人の関係で、誤解されておられる方のためにあえて説明します。次の4種類のうちの3つは社会的に否定されています。

ひとつ目は、「主人と召使い」のような支配・被支配の関係、2つ目は、「男と、女の役割を演じる男」のような性役割分担的関係、3つ目は、「大人と若者」のような年が大きく離れた関係で、これら3つの関係はことごとく容認されていません。唯一欧米先進国で受け入れられているのが、対等な成人男性どうしの恋愛的・性的な関係なのです。

(6) 世界一家事・育児、そして介護を分担しない夫

▼世界一家事・育児をしない夫への妻の不満

多くの妻にとって夫婦関係の満足度を特に引き下げているのがこれから述べる夫の家事・育児の分担率の低さです。悲しいことに**日本男性は世界一家事・育児を分担しないのです。**

図6を見てください。国際的な調査プロジェクト「家族と性役割に関する意識調査」(2012年)として発表された衝撃のデータです。

日本の夫は世界でも極めて例外的な家事・育児を分担しない集団で、調査対象33カ国の中で見事に引き離されて最下位に甘んじていることです。**欧米諸国の「18歳未満の子どものいる夫婦」の夫が軒並み30パーセント以上の比率で家事・育児時間を分担している中、日本の夫は、唯一2割にも届かない約18パーセントの分担率でしかない**のです。

図6　子どものいる夫婦の家事・育児に占める夫の分担時間率

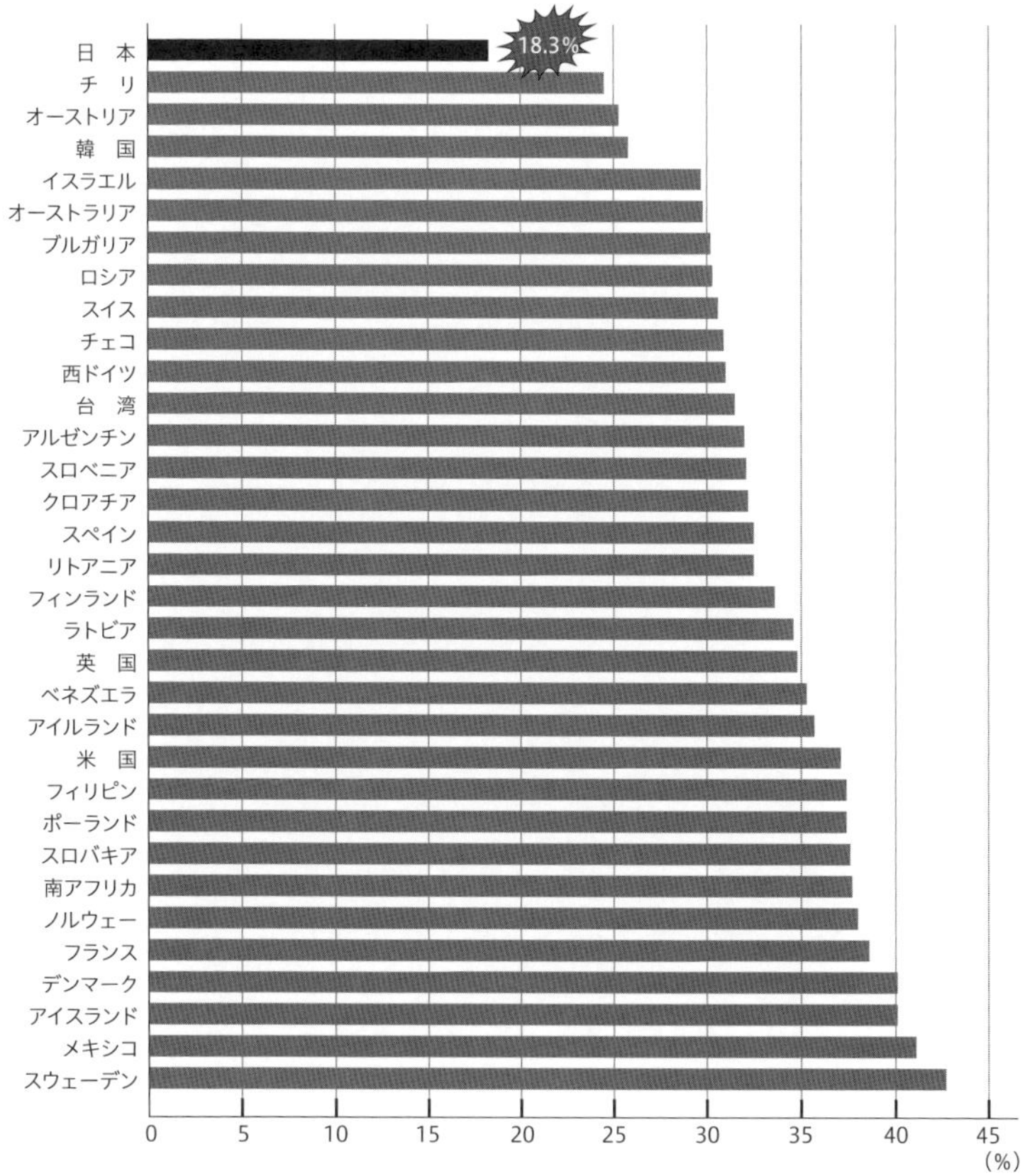

18歳未満の子どもがいる夫婦の家事・育児の平均時間に占める夫の平均時間の割合を算出。分析可能な世界の33カ国について同じ数値を計算してランキング表示。ドイツは旧西ドイツと旧東ドイツに地域が分かれて統計が出ているため「西ドイツ」表記となっている。
【国際社会調査プログラム（ISSP）「家族と性役割に関する意識調査」（2012年）資料より引用しグラフ化】

そして、家事・育児の分担状況に対して、男性の6パーセントが自分の分担量は適当と思う以上に「かなり」多いか「やや」多いと感じています。女性では69パーセントが適当と思う以上に多い（「かなり」と「やや」の合計）と答えているのです。この日本男女の差63パーセントがいわば分担に対する女性からみた不公平感や不満となるのですが、なんと、その63パーセントの数字は世界の調査対象国のトップです。**日本の妻は自分の家事・育児分担量に対して、夫以上に世界一の不公平感・不満をいだいている**ことになります。

結婚生活が長くなるにつれ、**妻の不公平感・不満の中でも、特に強く感じる瞬間**があるようですよ。それは、妻が、たとえば**休日に突然の外出で慌ただしくしているときなどに、「俺の食事、どうなっている?」などと夫が他意もなく聞いた瞬間**です。自分で何とかしてよ、と妻が口に出すか出さないかは別にしても、相当に深く記憶に残っています。

そういえば、職場の事務スタッフで結婚5年目に離婚した裕子さん（仮名、33歳）

が言っていましたね。

「別れた亭主は、家事や育児をほとんど手伝ってくれませんでした。その頃の私は専業主婦でしたから、自分がやるべき仕事だと思ってあえて言いませんでした。それに、お願いしてやってくれても慣れない夫のサポートだと、私がまたやり直す必要があったりして、二度手間です。ただ、一度だけありましたよ。休日に次男が突然に高熱を出し、病院に行くときです。長男の世話をお願いしたのです。そのときですよ、『俺の食事は？』と言うじゃないですか。私が何を言い返したか忘れるほど、頭に血が上っていましたし、悲しくもなっていました」

本書の冒頭部分に登場した熟年離婚の奈津子さん（63歳）も同様な経験があるようで、「実家の母が体調不良というので、夕方見に行くことにしました。職場の主人に電話して、外食するようにお願いしたら、急に怒り出して、夕食を用意しろ、と。しかたなく準備しました」としみじみ述懐しています。どうやら普遍的に妻の不満の根底に残っているのです。

▼若い世代で夫の分担率増加

全国家庭動向調査の２０１３年報告では、より具体的な家事・育児の分担内容を、配偶者のいる60歳未満の妻か、12歳未満の子どものいる50歳未満の妻からの回答として発表しています。

家事として「ゴミ出し」、「日常の買い物」、「部屋の掃除」、「風呂洗い」、「洗濯」、「炊事」、「食後の片付け」などの夫の分担率は平均約15パーセントで、頻度としては、それぞれを月に平均1～2度行う程度です。

育児では、「遊び相手をする」、「風呂に入れる」、「食事をさせる」、「寝かしつける」、「泣いた子をあやす」、「オムツを替える」、「保育園などの送迎」などの夫の分担率は平均約20パーセント、頻度はそれぞれ週に平均1～2度行う程度です。

さらに２０１７年総務省発表の社会生活基本調査では、6歳未満の子どもを持つ夫婦の分担時間の詳細が報告されました。夫の育児分担時間は1日あたりわずか49分しかありませんが、それは妻の3時間45分と比べ2割ほどにすぎません。**育児と家事に費やす全体時間をみても、夫は1日に1時間23分で、妻の7時間34分の2割にも満た**

なかったのです。ここまでに引用した国際比較調査結果や国内調査結果とほぼ同様な家事・育児の分担率が提示されていることがわかりますね。

念のために付け加えますが、これらの調査では、当然ながら常勤やパート勤務の妻も対象に多く含まれています。**たとえ妻がフルタイム勤務の共働き夫婦であっても、夫の家事・育児の平均分担率を大きく引き上げてはいない**のです。ただ、国内のこれまでの経年追跡調査で、少しずつですが、これでも夫の分担率は確実に上がってきています。**結婚年数が短い夫ほど、家事・育児の分担率が高い**のです。

この本の執筆中に夫の低い分担率に関する話題をSNSで流したところ、数名の男性から以下のようなお叱りに近い反響がありました。家事・育児をほとんど分担しない私なんかよりはるかに自覚のある夫が大勢いらっしゃるのです。

- 昨年双子が生まれまして、毎日おむつ交換、保育園の送り迎え、お風呂入れ、食事の世話…と本業が止まるほど育児、育児の日々です（笑）。
- 私は食事作り以外全てやっています。まあ58歳にしては稀な部類かもしれませんし、パートナーが看護師ということもあります。ただ、生来の潔癖性なので、皿洗いは当然で（笑）、パートナーに任せられないという意識もあります。

・現在60代で炊事や洗濯以外は毎日ではないけどやっています。子どもが小さい時は遊び相手はもちろんのこと、風呂入れ、寝かし付けもやっていました。項目毎に分担して皆やっていると思いますけどね。

▼親の主な介護は女性

日本では、長い間親の介護は同居している女性が中心になって担ってきました。三世代が一緒に暮らしていれば家族で助け合って介護も十分可能だったわけです。ところが、核家族化が進み、未婚化や少子高齢化で単身高齢者世帯が増加の一途をたどっています。同居家族の介護者も高齢化しているのです。２００５年に65歳以上の人口比率が世界一となり、その後も急速に高齢化社会が拡大しています。**もはや家族だけで介護を担うことは極めて困難な状況**になったのです。

そこで社会全体で介護負担を支え合う仕組みとして２０００年に介護保険制度が誕生しました。私自身も２０１１年より介護保険制度のもと、在宅訪問医療の担当医として、家族の介護負担を軽減し、実りある日々の生活を実現すべく医療支援をしてまいりました。

しかし、女性の介護負担が徐々に軽減傾向にあるとはいえ、今なお家庭内の主たる介護者は女性なのです。同居している男女で**誰が主な介護役割を担うかを調査した結果**（厚生労働省、２０１７年）、**実に7割余りを女性が担っていました**。女性の中で、要介護者の配偶者である場合が36パーセント、その子どもの場合が21パーセント、子どもの配偶者の場合が10パーセント、残りがその他の親族となっています。男性では、配偶者の場合が15パーセント、子どもの配偶者の場合が11パーセントとなり、ほぼこの両者だけで男性全体を占めています。

社会的にも問題になるのは、介護のために仕事との両立が困難となり、離職者が出ることです。女性では無職や非正規雇用者で、男性でも非正規雇用者で主な介護者になることが多いのですが、一方で介護のために離職せざるを得ない人が現実に大勢います。貴重な労働力が縮小するのですから社会問題です。

男女とも介護開始直前まで、フルタイムの正規雇用者である場合が少なくありません。この時点で**責務の重い昇進などを見送る決意をしたり、もっと時間的に融通のきく部署や職種に変わったり、フルタイムから非正規雇用のパートタイムになったり、やむなく離職するなどを選択**することになります。

実際、介護開始時、過去1年間で前職を**離職した人が男女で約10万人いる**のです（総務省統計局、2018年）。このうち**女性が8割前後で男性の4倍**を占めています。

いずれにしろ、家族介護者にとっては減収につながり経済的負担がこれまで以上にのしかかることになります。社会にとっては50代前後以上の熟練の労働力を失うことになるのです。在宅医療に従事する私たちにとっても常に考慮すべき課題です。

▼妻の自宅介護を決意した夫

熟年夫婦の男性が妻の介護を決意したケースがあります。

洋一さん（仮名、現在79歳）は、元銀行マン。60代で銀行を退職して、関連会社に再就職したころから、3歳年下の妻の恵子さん（仮名）が大変涙もろくなっていることに気付き始めます。出勤するときなど、「独りでいると悲しい」とふともらすことがあり、帰宅すると表情がパッと明るくなっていたりしました。

「銀行マン時代は夫婦の会話がなかった」と振り返り、洋一さんは、毎日の散歩に加えて、週末には二人で映画やその他の様々なイベント・アトラクションを見に行くようになりました。そしてその日の話題を積極的に話すようになるのです。ところが、洋一さんが75歳のとき、自転車で転倒して足首を強く打ちつけたのです。診断の結果、右足関節の骨折とわかり入院治療することになり、さらに入院中に頻尿を訴えたことで調べてみると、ナント早期の前立腺がんが発見されたのです。このための薬物治療も行われて、結局、入院が2カ月近くになってしまいました。退院後も歩行時の不安定さと痛みのために以前のように外出できなくなったのです。そして、このことがまるで契機となったように、恵子さんの認知機能が次第に低下していきました。たとえばコンロのスイッチを付けたことを忘れたり、外出してもどこへ行くつもりだったのか、場所がわからなくなったりするのです。洋一さんが恵子さんを介護付きの老人施設に入所させたのが2年ほど前で、その時点から私たちが診療を担当することになりました。

薬物治療と会話を重ねるうちに、恵子さんは次第に落ち着きを取り戻されました。それにともない、洋一さんの施設訪問の時間を待ち望むようになったのです。洋一さんと一緒の彼女は本当に嬉しそう。いなくなると途端に悲しそうです。「会いたい」と涙されることもあったのです。

洋一さんは決意しました。自分が家事全般をすることで彼女を施設から自宅に戻したのです。しかし、洋一さんは、それまで炊事、掃除、洗濯をフルにやったことはありません。そこで、昼間に**訪問介護（食事や身の回りの介助など）のヘルパー派遣**や**デイサービス（介護施設に日帰りで通って、食事、入浴、レクリエーション、機能訓練などを受けること）**を依頼したのです。これらの費用は全て介護保険でカバーできました。

介護施設診療から引き続いて自宅に戻った患者さんを診療することとは、実はこのケースが初めてでした。その逆のケースの経験はあります。この場合、自宅でなら、なにもかも自分が主体で動くことで不都合な事態を引き起こすこともあったわけですが、自宅生活にある種の張り合いがあったことは確かです。施設に入って介護や治療を受けることで、様々な心身の問題がおさまる一方で、家族の一員としてそれまで何らかの役割を担っていた状態から、突然、患者さんの実生活の緊張感が失われ、生きがいを喪失することも感じていました。

予想通り、自宅に戻った恵子さんは、大好きな洋一さんとの時間が増え、見違えるほど活き活きしていたのです。

▼大和なでしこの大半が「男は仕事、女は家庭」を容認

話は前後しますが、本項の冒頭で述べた日本国内の夫婦分担の比較研究で、妻の69パーセントが適当と思う以上に自分の分担量が多いと感じていました。それなのに、同じ調査で、**日本女性のおよそ半数が、家事・育児の分担量の少ないパートナーを「満足」と評価**していることがわかっています。世界で最も分担の不公平感や不満を〝自覚〟しているにもかかわらず、一方で、夫に対する日本女性のこの〝評価〟は驚きです。

職場での心身の負担が多い仕事をしながら、夫は家庭でもよくやっていると、妻が心から満足しているのか、あきらめて「これで十分」と納得しているのかどうかわかりませんが、粛々と受け入れている現実が、まだ存在しているのです。

先に紹介した職場スタッフでバツイチの裕子さん（33歳）は、こんなことも言っていました。「家事・育児を分担しない亭主でしたが、たまにゴミ出しなんかしてくれると、心から『ありがとう』と口に出して感謝していました」。さらに、「家族のために働いてくれているのですから、私が我慢すべきだと思ったからですが、振り返れば、手伝ってくれるようにもっと積極的に依頼すべきだったかもしれません。夫婦のコミュニケーションの機会を、結局なくしてしまったのですから」とも。

裏返せば、**「男は仕事、女は家庭」の性別役割分業意識が依然根強い日本社会で、男性にとっては、家庭をかえりみず自分の思い通りに仕事に専念できる環境が公然と残っている**ことになります。

私自身がそんな50代半ばまでの結婚生活25年間を駆け抜けてきました。50代半ば以後に単身赴任生活が始まりますが、それについてはまた後で詳しく述べたいと思います。

非難されることを承知で正直に述べます。私は、妻が家庭にいることが当たり前で、家事や育児、さらには介護施設に入所させた私の母への対応が妻の〝仕事〟であることに何ら疑問をもたなかったと思います。そのことで妻に心からの感謝や労いの言葉をかけてきたとは到底言えません。今、背筋が寒くなる恥ずかしさをおぼえています。

50代半ばで四国から横浜に転職することになっても、一緒に付いて来ることに妻は同意しませんでした。そんな状況もしかたないと思えるほど、夫婦間の交流は冷え込んでいたのだろうと思います。

終身雇用制度や年功序列制度が既に崩壊しており、女性の社会進出が著しい今日でさえ、男性偏重社会はしぶとく生き残っています。**日本の夫は、今なお「一家の大黒柱」としての強い自覚**があり、これまでの長い間、**家庭内のことは全て妻に任せて、仕事だけに集中することを期待され、実践してきた歴史**があります。しかし、**若い世代を中心に、男性の長時間労働に違和感をおぼえ、男性ももっと積極的に家事・育児や親の介護を分担すべきだと考える男女が確実に増えています。**

日本男性には、さらに注目すべきやっかいな〝問題〟があるのです。

それは、孤独です。それも世界一、親しく付き合う友人が少ないのです。

ポイント

　若い世代を中心に、男性は長時間労働を改善し家事・育児への参加を積極的にすべきだと考えるようになっています。それでも日本の夫は世界で最も家事・育児・介護の分担が少ないのです。パートナーである女性もそうした男性を容認する傾向があり、「男は仕事、女は家庭」の性役割分業観や男性偏重社会が依然しぶとく生き残っています。

　男性の皆様、決して口にしてはいけない言葉があります。妻の突然の外出などで「俺の食事は?」と聞き返すことです。

(7) 世界一孤独な男性

▼妻以外に話し相手のいない夫

私自身が、今にいたるまで親しく付き合う友人はいませんでした。そのことを時に寂しく思うことがあっても、取り立てて改善しようとはしませんでした。いや、正確には、友達を作ることができないでいたのだと思います。仕事での成功や成果を追求する過程で、いわゆるプライドばかりが積み上がって、職場内で親密な人間関係を築けずに過ごしてきたのです。それに、気心がわかり合えるまでの人付き合いを煩わしいだとか、おっくうだと感じて、避けている自分がいたのだと思います。このことは、言葉を変えれば**妻以外に親しく話す相手がいなかった**ことになります。

私だけではありません。チマタには〝孤独〟な人があふれています。孤独は、「おひとりさま」や「ひとりぼっち」として極めてありふれたこととして受け入れられ、否定されるものではなかったからです。それどころか「**孤独のすすめ**」**として美化されれる風潮さえあります。**

図7がまさに今日の私たちの世相の根源にある事実です。夫婦に限れば、妻以外に話し相手のいない男性の現状です。

国際機関OECD加盟の21カ国における男性の孤独度調査結果（2005年）を示しています。隣近所、職場内やスポーツ・娯楽・趣味の集まりなどの社会集団の中で、人とほとんど、またはまったく**一緒の時間を過ごさない成人男性の割合は、日本男性が断トツの1位で、17パーセント**だったのです。OECD加盟国平均の約3倍を示し、1パーセントほどのスウェーデン、4パーセントほどの米国やドイツをはじめ**他国が全て10パーセント未満の中で、際立って高い「人付き合いがない」比率**なのです。

この調査では女性の孤独度もランキング発表しており、日本女性は、メキシコに次ぐ2位で、14パーセントと高いものでした。ただし日本の男女のこうした「人付き合いがない」状態には明らかな性差があります。

図7　友人や同僚などと付き合わない男性の割合

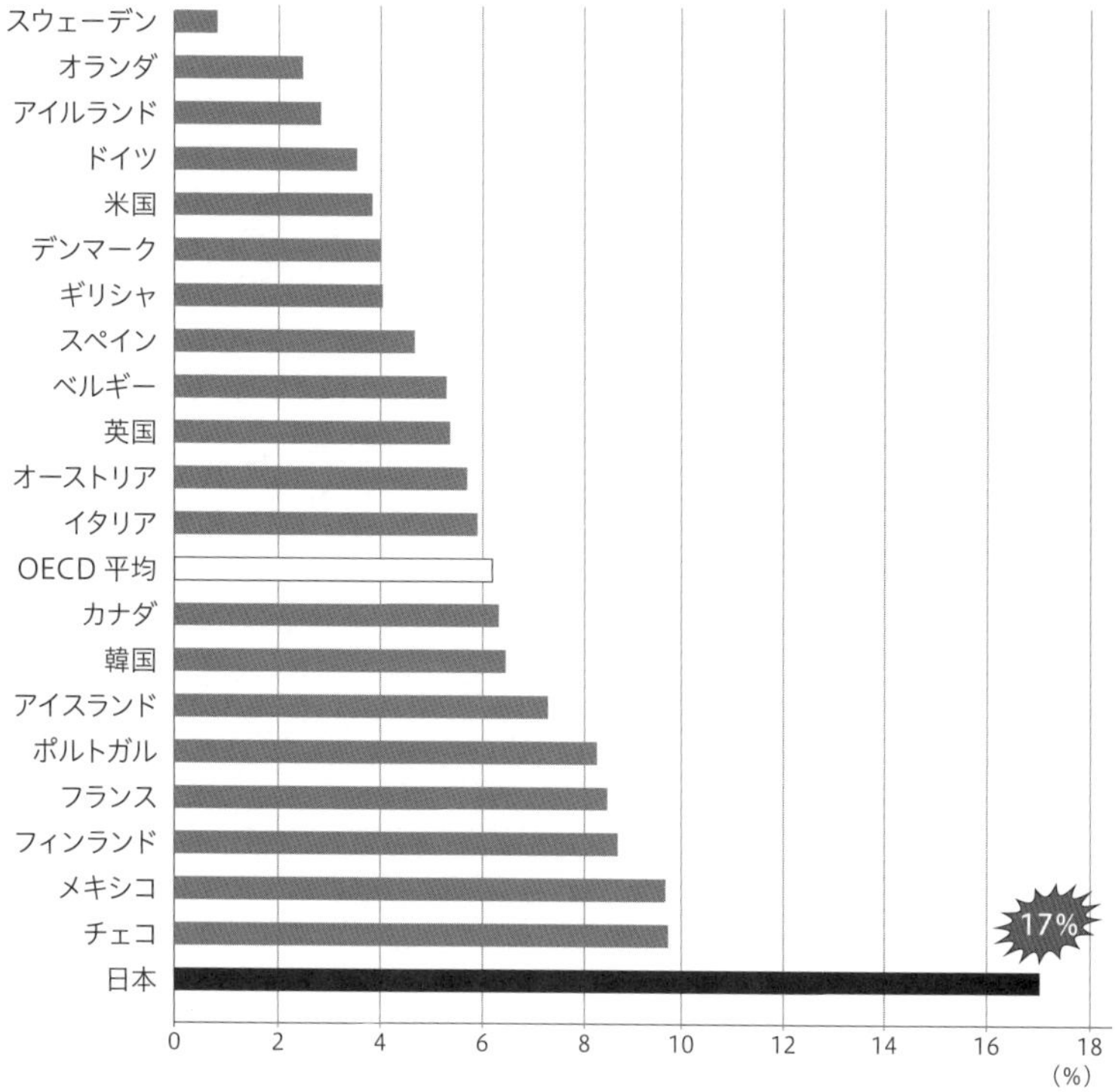

隣近所、職場内やスポーツ・娯楽・趣味の集まりなどの社会集団の中で、人とほとんど、またはまったく付き合わない男性の割合：友人や同僚などと一緒の時間を過ごさない成人男性の割合を世界21カ国で調査
【OECD（経済協力開発機構）調査（2005年）資料より引用しグラフ化】

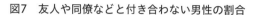

▼会話のない独り身男性が女性の約3倍

内閣府が60歳以上の高齢者男女の親しい友人の保有率を、日本、米国、ドイツ、スウェーデンの4カ国で比較調査しました（2015年）。

その結果、日本以外の他の3カ国の男女では、「同性・異性の両方の友人がいる人」が40パーセント以上なのに、日本の男性で約20パーセント、女性で約10パーセントと最も少なかったのです。女性では、友人の大半が同性で、他国の女性より際立って「同性・異性の両方の友人がいる人」が少なく、男性では、「友人がいない」比率がこれまでの報告通り他国の2倍前後と顕著でした。

さらに孤独に関する性差を独り身生活者の会話頻度で調べると、会話が2週間に1回以下という頻度は、独り身の女性の場合は5・2パーセントでしたが、独り身の男性の場合、その3倍近い15パーセントという高い水準でした（国立社会保障・人口問題研究所、2018年）。**男性の方が、会話頻度が少なく、社会集団の中で独り取り残されている度合いが強い**のです。

▼「孤高」を賛美する日本社会

日本男性が世界一孤独だと指摘されても、意外と驚きはないかもしれません。「沈黙は金」や「武士は食わねど高楊枝《たかようじ》」、はたまた三船敏郎さんのCMキャッチコピー「男は黙ってサッポロビール」などに代表されるような、**「孤高」に憧れ、賛美する文化が脈々と受け継がれている**からです。武芸や信仰のために、一人諸国を巡り歩いて修行し、心身を鍛錬した武者修行者や行脚僧のイメージなのでしょうか。

「友人がいない」ことや「人付き合いがない」状態の孤独は、人間関係の煩わしさから離れ、自らと向き合う長い時間の中で、安心と不安を繰り返して、独り身でも前向きに生活できる術を体得できるかもしれません。しかし一方で、世の中には、人と接する機会もない社会的に孤立している人がいます。

地方から都市部に大量の人口が流れ込み、三世代世帯が激減し、核家族化が地縁・血縁を崩壊させています。**「困ったときは、お互いさま」や「持ちつ持たれつ」の相互扶助の慣習そのものがなくなっている**のです。追い打ちをかけるように、未婚化、晩婚化や少子高齢化で、単身世帯が増え続けています。さらに、労働者の非正規雇用割合が40パーセント近くまで増えてきたことで、職場内での共同体意識そのものが希薄化しています。家族・親戚、地域社会や職場内でも、相互に助け合う関係性が損なわれ、社会的に排除されて、孤立した人が増えているのです。

ただし、単身世帯でなくとも、悩みなどを気安く相談できる友人がなく、家族からも社会からも孤立した人が多くいます。

▼孤独は健康障害を引き起こす

問題なのは、孤独という状態が、相当な健康障害を引き起こす可能性があることです。

孤独とは、客観的にみると社会集団の中で周囲から隔離された状態に近く、一般には心身にストレスが生じる状況なのです。**医学的には自律神経の交感神経と副交感神経のバランスを崩し、ストレスホルモンなどが上昇し、免疫作用を低下させます。**イライラ、不眠、便秘、冷え、血圧の上昇などの症状の悪化を招くのです。**食べ過ぎ、運動不足、飲み過ぎ、喫煙、夜更かしなどと共通するストレス機序が働いています。**

それどころか最近の研究で、孤独が運動不足、飲み過ぎや喫煙よりも健康障害リスクが同等以上と言うのですから、大ゴトです。

ここ数年の間に、世界中で孤独と健康被害に関するニュースが相次いで報道されました。

まず、2014年の米国学会で発表されたのは、**孤独が早期死亡を50パーセント増加**させ、その孤独による早死が**肥満の2倍に相当するリスク**があることです（カシオッポJ、アメリカ科学振興協会）。

さらに2017年には、これまで発表された世界中の無数の論文を解析した結果、**孤独による死亡リスクは、●アルコール依存症と同等、●毎日15本の喫煙と同等、●運動不足よりも大きい**、さらに先の2014年に発表されていた、●肥満の2倍のリスクも改めて評価され、報告されたのでした（ホルト-ランスタッドJ、アメリカ心理学会）。

孤独が、飲み過ぎや喫煙と同等で運動不足よりリスクが高く、さらに肥満の2倍のリスクがあることになれば、アルコール依存症だけでなく、高血圧、糖尿病、心臓病や肺の病気などの**生活習慣病に匹敵するか、またはそれ以上の高いリスクで健康障害を引き起こす**ことになります。

なんという衝撃的な報告でしょうか。

同じ2017年、今度は米国の前公衆衛生局長官が「中年男性がいま直面する最大の脅威は喫煙や肥満ではなく、孤独だ」などの内容を公表し、翌2018年には、英国から「孤独担当大臣」の新設が発表されたのです。

英国は、特に「孤独がアルコール依存症、薬物依存症やうつ病などの病気のリスクを高める」ことや「男性が孤独の犠牲者になりやすい」として、10年ほど前から本腰を入れて対策に取り組んでいます。孤独な人の身の回りの世話や話し相手になるソーシャルワーカーなどの組織、24時間365日の電話相談サービス、男性だけのDIY工房や「歩くサッカー」（身体に負担の少ない走らないサッカー）教室などが既に数多く存在しています（岡本純子『世界一孤独な日本のオジサン』角川新書　2018年）。

▼「孤高」生活が孤独の健康障害を打ち破る可能性

一般に誰とも話をしない孤独に陥れば、生活が不規則になり、飲酒量や喫煙量が増え、運動不足になり肥満などに陥りそうです。その上に、孤独が飲み過ぎや喫煙と同等か、運動不足や肥満以上に早死にするリスクがあるというのです。

だとすると、少々矛盾したことが出てきます。本項の冒頭で紹介したように、**日本男性は世界一の孤独**な状況にあります。ところが、**日本男性は世界第2位の81・1歳の長寿（第1位はスイスで81・2歳）**で、英国男性なら79・7歳で第16位、米国男性なら76・0歳の第37位となるからです（WHO、2018年）。孤独大国の日本が、孤独による悲惨な死亡リスクをものともせず、長寿大国を誇示できていることになります。

もちろん、寿命や健康に及ぼす重要な要因には、生活習慣に加えて、個人を取り囲む社会環境や生まれ持った本人の資質があります。この中で、比較対象が米国や英国なら、日本独特の風土や個人の精神文化に注目してみると、別の側面が浮かびあがってきます。

前述したように、日本には、長い孤独に耐えて心身を鍛錬する武者修行者や行脚僧などの「孤高」を美化する精神文化があります。孤独が医学的にストレスとなっていても、不規則な生活から飲み過ぎ、喫煙、運動不足、肥満などに陥ることもなく、そのストレスを少なからず改善させるほどに、日々の独り身の生活を前向きにとらえ、平穏な心身の状態で行動できている人が多くいるのではないでしょうか。**栄養バランスの良い日本食があり、身体を適度に動かし、身の回りを小ぎれいに整理整頓する日本人の生活文化**があるからでしょうか。

そうした大勢の「孤高」的な孤独者が、生活習慣病の要因からかけ離れて生活していても不思議ではなさそうです。

▼孤独だからこそ自分と向き合い、人付き合いの模索

さらに「真面目に自分と向き合う」ことは「コツコツと努力する」ことでもあります。こうした性格が、実は最も長生きできる可能性のあることがわかったのです。2011年に発表された米国の極めて貴重な研究で明らかにされました（フリードマン HS、マーティン LR、『長寿と性格　なぜ、あの人は長生きなのか』清流出版2012年）。

それは、**性格と寿命に関して行われた80年にわたる男女1・5千人余りの追跡調査研究**なのです。特に80年にわたる個人の追跡調査なるものがこれまでの医学研究において存在しません。それを可能にしたのは、1921年当時10歳前後の男女1・5千人余りを抽出し、以後30年にわたって追跡調査した優れた心理学者がいたこと。さらに中断の後、その研究を引き継いだ別の心理学者がいたことです。この研究者二代にわたる稀有な追跡調査研究から、**長生きできたのは、陽気、明るい、冒険好き、社交的な人などではなかった**のです。**真面目で、自己コントロールができ、慎重で、努力する者こそが男女ともに最も長寿**だったのです。そう、**まるで真面目に自分と向き合う修行者のような性格が、人生を長く生き抜く要因になり得た**のです。

なおこの追跡調査で、**男性であれ、女性であれ、生涯独身でいるより夫婦でいることがより長寿**であること、**妻と死別した夫の方が夫と死別した妻より死亡リスクが高まる**ことを結論付けており、**日本におけるデータと全く同じ**です。さらに、**同じ男性でも家事・育児をしない昔ながらの男性より、家事・育児をする男性の方が、より長生きできる**ことも報告しています。

ただし、孤独には健康障害を発生させるストレスが常に存在していることだけは忘れてはいけません。修行者のように孤独に生きる人には、確かに長生きできる多くの長所がありますが、唯一、「孤独」の定義として人付き合いのないこと、すなわち家族・親族、地域社会、職場内やスポーツ・娯楽・趣味の集まりなど、生身の人間との関わりが乏しいことは、後で詳しく述べますが、**人として連帯感や満足感を失うことで、長寿を損なうひとつの要素**となることです。さらに**自分の現状を客観視できず、どうしても独善的になりやすい**のです。見直そうとしてもやはり安易な方向に流れやすくなります。

夫婦でどこまでも長生きして欲しいのです。お互いのためにも配偶者以外に話し相手がいないようなことは避けなければなりません。世界一孤独な男性だからこそ、今一度自分と真面目に向き合い、自己コントロールしながら、コツコツと日々努力を重ねてください。一方で、隣近所や職場の内外で新たな人付き合いを模索して欲しいのです。社会から孤立しないでください。スポーツ・娯楽・趣味の集まり、町内会・自治会、ボランティア、NPO（特定非営利活動法人）や市民活動などの様々な活動にも関心を持つことが大切です。こうしたなんらかの活動組織への参加があなたの孤独にこれまでにない幸せの風を運んでくれるはずです。

ポイント

孤独は悪しき生活習慣と同等以上の健康被害を招きますが、米国の長期追跡調査研究から真面目に自分と向き合うなどの性格が長寿の要因であることが明らかになりました。だからこそ、孤独に耐えて自己鍛錬する者を敬う日本の精神的風土が自他ともに影響し合って、世界一孤独な日本男性が長生きできている可能性があります。

しかし、自己鍛錬の「孤高」の精神を持ち合わせているとは言え、孤独は美化すべきではありません。次項で述べる社会関係資本に配慮してください。

コラム3　83歳になった永遠の「孤高」ゴルゴ13

劇画作家さいとう・たかをさんが31歳のとき、1歳年上の32歳の設定で1968年に誕生した『ゴルゴ13』。以後、一度も休載せず、漫画界の最長連載記録を更新中です。2018年、さいとうさんが82歳になりましたから、ゴルゴは83歳になるわけです。この連載50年を記念する展覧会が川崎市市民ミュージアムで開催されました。

ゴルゴは、金で雇われる非情な狙撃手ですよ。心を許す話し相手がいるはずなどないのです。なぜ、ここまで受け入れられ、半世紀にわたる人気が維持できているのでしょうか。緻密な作画や常に時事問題を取り入れる内容の新味もあるでしょう。やはり一番はゴルゴ自身の魅力ですよね。沈着冷静に仕事を完遂、クールでかっこいい、などのキャラクターに加えて、私は「孤高」だと思います。自分の信念のままストイックに生きる一匹オオカミの姿に共感できるのでしょうね。

これまで民間企業のポスターに加えて、自衛官募集ポスター、厚生労働省の薬物乱用防止啓発ポスター、さらに外務省の中堅・中小企業海外安全対策マニュアルのポスターや動画などの公的機関にも登場するゴルゴ。もはや国際的狙撃手の肩書すらどうでもよいのですから、素晴らしい。

なお、作品に魅力ある女性が大勢登場することについて、さいとうさんが答えています。「女性は常に男の上にいる存在だと思っています」「だから家でも（妻に）言われるまでです」「母親は特に偉い」と。展覧会では、作品に登場した女性100人の作画図が壁面を埋め尽くしていました。

展覧会場で手にしたゴルゴ愛用の実物大モデルガン・アーマライトM16。

さらに、作画の参考のためにスタッフが制作や改造をしたモデルガンが多数集められ、実際に手に取ることもできます。さいとう・プロダクションの一室を「武器庫」と称して実際に保管されているそうです。男はモデルガンが大好き。私が手にしているのは、ゴルゴが愛用するライフル「アーマライトM16」の実物大モデルです。ずっしりと重くリアル感がありますよ。

（8）社会関係資本の乏しい男性

▼信頼感と幸福感を生み出す社会関係資本

日本男性に多い孤独は、隣近所や職場内外などで親しい友人のいない状態です。こうした孤独は、いわば個人から見た主観的な社会との関わりのなさです。それを社会全体の側面から見た客観的な視点であらためてとらえると、現状の孤独を冷静に見直すきっかけになるかもしれません。そこで「孤独」や「社会的な孤立」とは対極の概念となる**社会関係資本**と呼ばれている概念について説明したいと思います（図8参照）。

社会関係資本とは、もともと地方制度改革の浸透や実施の状況を長年にわたり調査した著名な政治学者によって提唱された概念です（パットナム RD、他、2001年）。

イタリアのある地域では効率よく制度改革が行われたのに、別の地域ではそうでは

図8　社会関係資本の3本の柱

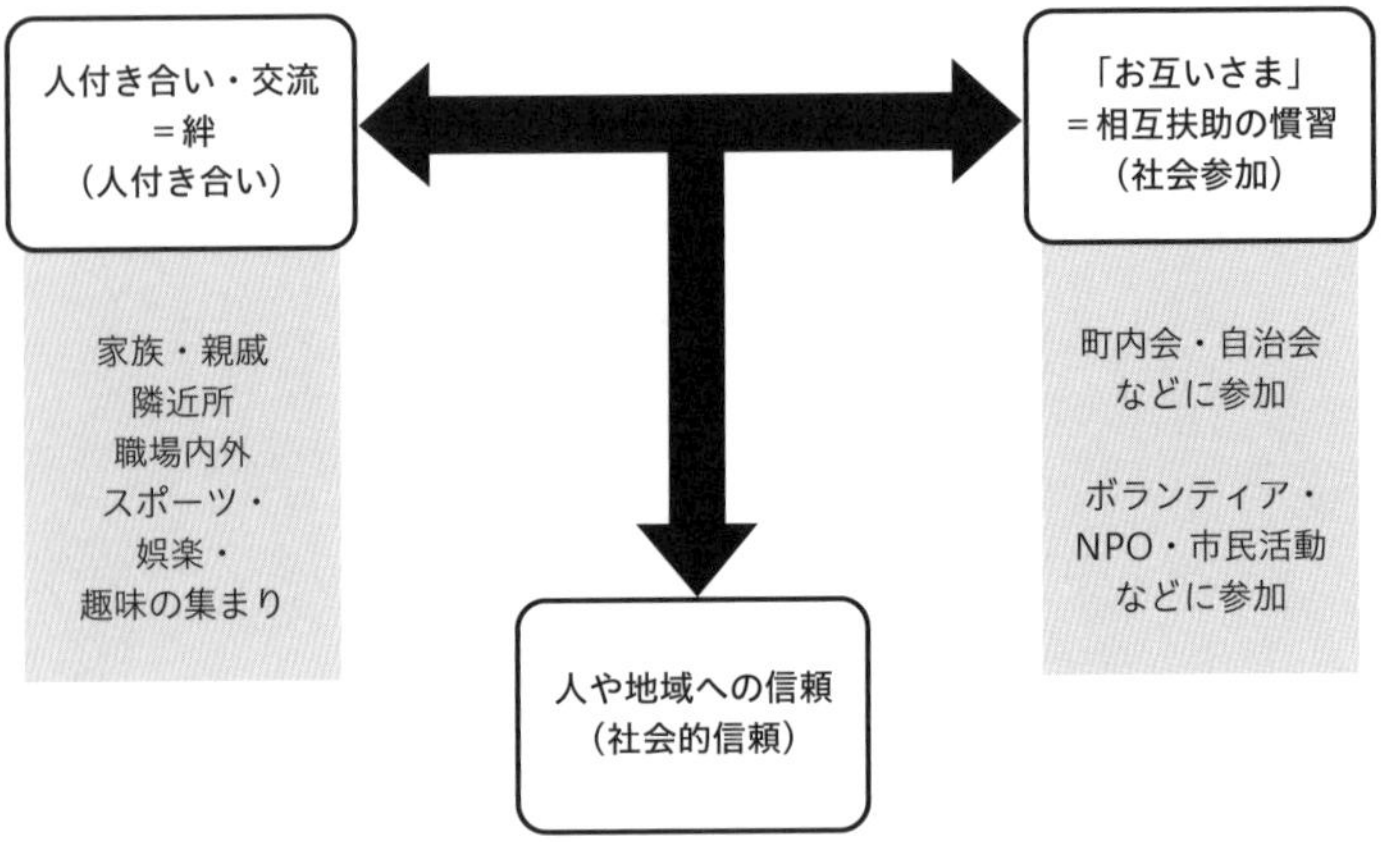

人間関係や社会参加が増えれば社会的信頼も増強
【滋賀大学・内閣府経済社会総合研究所「ソーシャルキャピタルの豊かさを生かした地域活性化」（2016年）より引用しグラフ化】

なかったことで、その違いを突き止めようとしたのです。調査の結果、集団やその中での人付き合いや交流（人付き合い）、人や集団に対する「お互いさま」とするような相互扶助の慣習（社会参加）、そして人や地域に対する信頼（社会的信頼）を構成要素とする社会関係資本の豊かさの度合いの違いであることがわかったのです。さらに、たとえば**職場内の上司と部下というような上下関係の人付き合いよりも、地域の集団やスポーツクラブなどへの自発的参加による周囲とのいわば対等な人付き合いが社会関係資本としてはより優れている**こと、**人付き合いや社会参加が増えれば社会的信頼も増強**されることなども明らかになったのです。

また、地方制度改革で効率の悪い地域は、専制体制や封建制度に影響を受けて、「君主の引き立て—地域の庇護的な関係」が伝統的にあります。対等な人間関係が貧弱で、職場では上司と部下の強い上下関係の人付き合いが存在していました。

社会関係資本は、概念として感覚的に理解できても、実感としてはとらえどころのない印象があります。日本には、２０００年代になって社会関係資本の言葉が登場していますが、まだまだ一般に認識されるまでには至っていないようです。

そこで、内閣府が社会関係資本の豊かさの度合いを比較調査する際の設問内容を追記します。

人付き合いでは、隣近所で付き合う人の数、職場以外の友人や親戚との付き合い頻度、スポーツ・娯楽・趣味の集まりへの参加の有無など。社会参加では、町内会・自治会などの活動やボランティア・NPO（特定非営利活動法人）・市民活動への参加の有無。そして社会的信頼では、「見知らぬ土地で出会う人を信頼」できるか否かの設問などがあります。こうした人数や参加頻度などが多いほど、信頼感があるほど社会関係資本が豊かなのです。

どうでしょうか、社会関係資本が孤独とは対極にある概念であることがおわかりいただけたでしょうか。**社会関係資本が豊かであれば、地域社会や人間関係が豊かになり、人間相互、または人と集団の間に信頼感、連帯感、満足感が生まれます**。孤独が健康被害を招くことは前項で述べたとおりですから、人々は健康に、そして幸せになれる可能性があるのです。孤独は単に個人だけの問題ではないということです。地域社会全体の信頼や満足と関わり、住民一人一人の幸福感をも左右しているのです。

▼上下関係の人付き合いの強い日本社会

ところが、日本はその社会関係資本が極めて乏しいことがわかっています。

もともと日本は、３００年近い江戸幕府の統治以後も、政府やお役所などを中心とする「行政」の組織機能が縦横無尽に発達し、機能してきた経緯があります。その施政の対象となる最小単位が、町内会であり自治会です。かつては集落内の五人組や隣組とも呼ばれた隣近所の「世帯（個・家族）」を構成員とするものです。この「行政」と「世帯（個・家族）」を含む地域社会集団の二極間の組織構図が、日々の社会生活の中で、密接に融合して長く定着してきたのです。

地縁的な組織の町内会・自治会は、「行政」の支援の下で、地域の盆踊り・お祭り、交通防犯・衛生美化・消防防災などの活動を取り仕切ってきました。「行政」と「世帯（個・家族）」との緊密な上下関係のネットワークの隙間に、町内会・自治会や既に述べている職場やスポーツ・娯楽・趣味の集まりなどを含む対等な人間関係が育ちにくかったと言えそうです。

日本に乏しい対等な人付き合いの組織とは、欧米の社会生活に広く根付いているボランティア、NPO、市民活動などに関連した組織です。

たとえば、日本の確認できるNPO法人数は約5万ですが、米国のNPO数なら、推定で163万と2桁違いに多く、小売業、製造業に次ぐ第3位の雇用者数を創出する一大産業なのです。慈善、芸術、文化、健康や宗教などに加えて、貧困対策、性差別救済、発展途上国支援や地球環境保全など身近なテーマから国際問題まで多種多様な支援活動に関係するNPOが存在しています。

ただし、米国でNPOが社会的に大きな役割を占めているのは、日本でなら行政が主導して当然のようなサービスがもともと少なく、そのサービスを必要と感じている人々が集まって活動を始めたからだと言えます。NPOを立ち上げざるを得なかったのです。

さらに米国で「健康管理・ボランティア仲介連合」が2010年に発表した成人4・5千人の調査で、41パーセントが平均100時間のボランティア活動に参加しています。そのボランティア活動参加者の68パーセントが「肉体的に健康になった」と答え、73パーセントが「イライラや不安などのストレスが減った」、89パーセントが「幸福感が高まった」と回答しています。

心身のストレスが軽減して満足感や幸福感を実感できるのは、ボランティア活動だけではありません。**町内会・自治会、職場、スポーツ・娯楽・趣味の集まりに、NPOや市民活動などを含む対等な人間関係組織のどんな活動であっても、社会的な信頼感や連帯感とともに程度の差こそあれ誰でも幸福感を実感**することになるのです。

▼先進国最低の日本の社会関係資本

日本の乏しい社会関係資本を全世界に知らしめたのが図9です。

英国のレガタム研究所が毎年発表している「レガタム繁栄指数」(2018年)で、世界149カ国を、経済、起業の可能性(ビジネス環境)、政治の健全性(ガバナンス)や健康、治安などとともに社会関係資本についても指標化してランキングを出しています。

日本は、健康や治安では、全世界149カ国中、それぞれ3位、2位とトップレベ

図9　日本の繁栄指数の国際順位

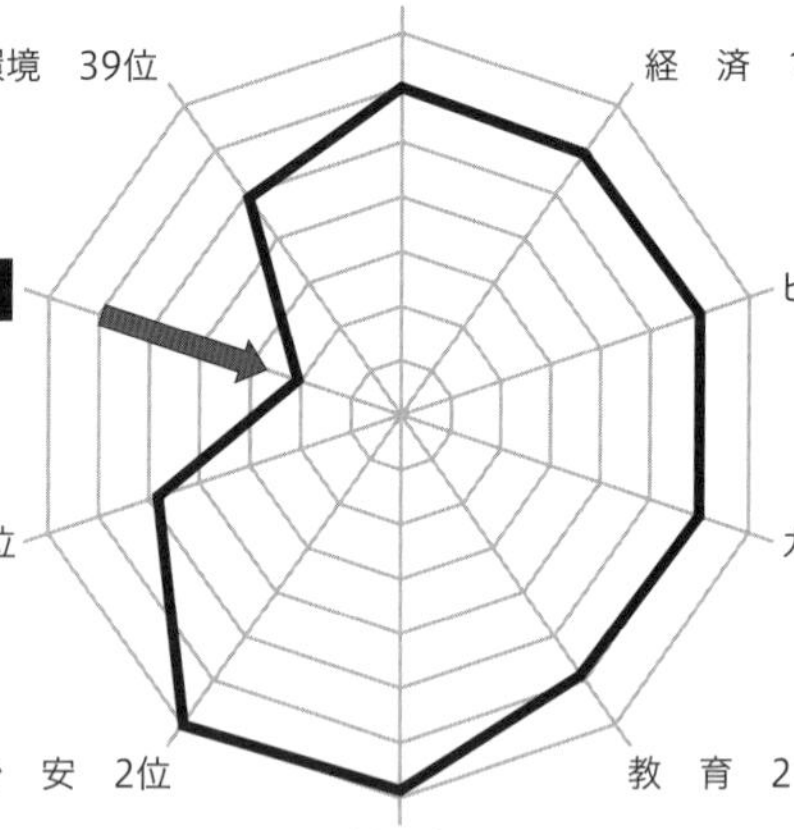

日本は特に「社会関係資本」が世界149カ国中99位で先進国中の最低
【レガタム研究所「繁栄指数」(2018年)資料より引用しグラフ化】

ルで全体の繁栄指数でも23位ですが、こと**社会関係資本になると99位となり、先進国中では最低**です。ちなみに社会関係資本の1位はニュージーランドで、ボランティア、NPO、市民活動などの盛んな米国は6位、社会関係資本提唱の研究対象地のイタリアは41位でした。

社会関係資本が最低だということは、独り身世帯も含めた夫婦（家族）世帯が社会的に孤立していることを意味しています。周囲との信頼感や連帯感、さらには自分たちの満足感や幸福感を実感しにくいのです。たとえば**夫婦のどちらかが何らかの不満やストレスにさいなまれても、それらを改善させるすべも環境も乏しく、相談する相手がパートナーしかいない**可能性があります。改善策やサポートがないまま、独りよがりの経過をたどってしまうことになります。**パートナーとのコミュニケーションがないなら、なおさら不満もストレス（イライラや不安など）も蓄積されるだけ**となります。

ポイント

社会関係資本の乏しい日本では、個人と行政、職場では上司と部下などの上下関係の人付き合いが強く、隣近所の集まりや市民参加の様々な企画への参加などの対等な人付き合いが貧弱です。社会的な孤立は、個人の不満・不安を募らせ、夫婦生活の信頼感・満足感を低下させるのです。

皆様の周囲にはスポーツ・娯楽・趣味などの多種多様な集まりが豊富にあります。関心を持たないことは、夫婦間の心身の溝を深めることになります。

(9) 夫婦生活を脅かす心身のストレス

▼ストレスが勃起や健康障害を引き起こす

ここまで幾度か述べておりますストレスについて、本項であらためてお話ししたいと思います。

それは、**ストレスが本人だけの精神的かつ身体的な不調にとどまらず、常にパートナーとの精神的・身体的な交流と密に関わっている**からです。そして、ぜひ理解して欲しいのは**ストレスが腸内環境と呼ばれる極めて大事なお腹(腸)のいわば健康状態や勃起と表裏一体**になっていることです。

イライラや不安などの精神的なストレスだけで、驚かれるかもしれませんが、実は腸の働きそのものを悪くさせて、なんと身体全体の機能に悪影響を及ぼし、個人を不健康におとしめてしまいます。夫婦を含め対人関係の単なるストレスが原因で、たとえば寝付けなかったり、食欲がなくなったりすることは皆様も経験があると思います。

逆に食べ過ぎ、運動不足や夜更かしなどの不健康な生活態度そのものが、毎日の生活にイライラや不安などのストレスを招き、特に夫婦間にいさかいの種を持ち込みます。パートナーに対して苛立ち、不信感などや、さらにすすめば無関心、拒絶といった不協和音が生じ、セックスレスになるのです。

不健康な生活習慣に加えて、精神的なストレスでも、不眠、冷え、うつ症状に勃起障害だって起こり、やがては全身の健康を損なうことになるのです。これが生活習慣病であり、肥満、高血圧、糖尿病、さらにはがんなどの病気につながっています。がんも生活習慣病のひとつであることをお忘れなく。また、うつ病の発症や認知症で現れる記憶、学習、判断などの知的な能力（認知機能）の低下も精神的なストレスや悪しき生活習慣のストレスが引き金になっています。

ストレスの機序説明はいたって簡単です。ストレスとは、2種類ある自律神経のうちの**交感神経の活性が異常に長く続いて、もうひとつの副交感神経の作用を抑えている状態**です（図10参照）。

後者の副交感神経が癒しと安らぎのリラックスモードを促して、安静や睡眠を手助

図10　自律神経の交感神経と副交感神経

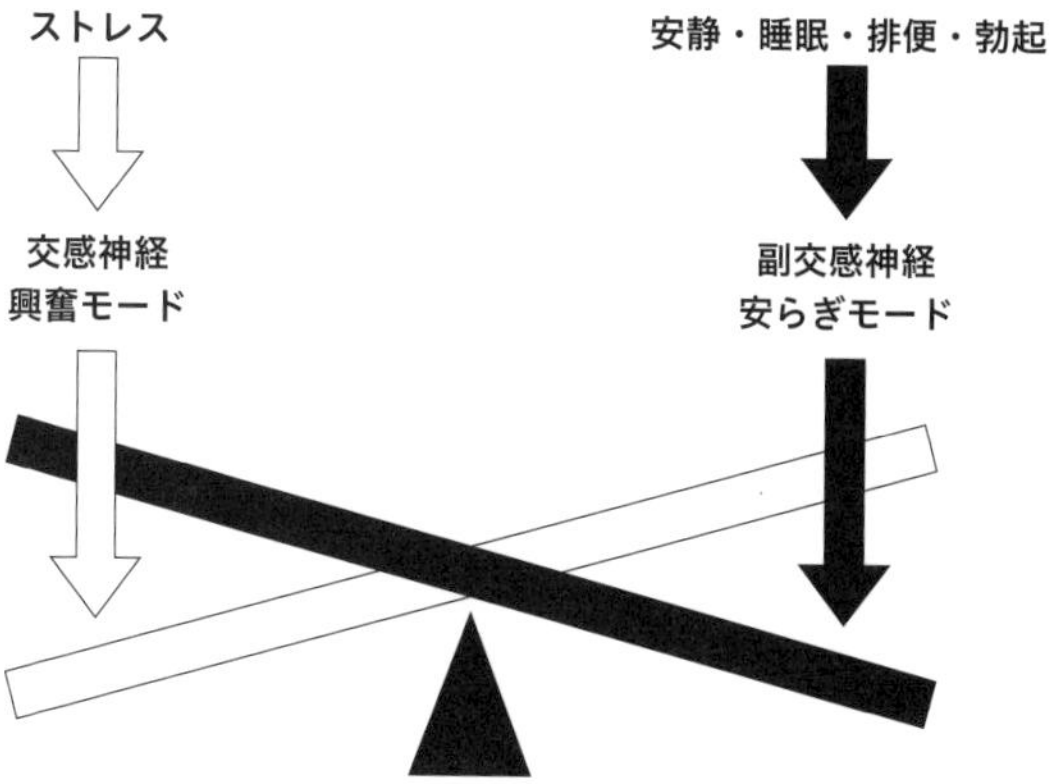

自律神経の副交感神経と交感神経はシーソーのように連動しながら日常生活活動を調節します。副交感神経は、安静・睡眠・排便やペニスに作用して勃起にも必要です。ストレスが続くと、コントロール不調で交感神経が優位になり、副交感神経の働きが障害されてイライラ・不眠・便秘・勃起障害などを引き起こします。

けしています。血管を広げて血液の流れをスムーズにし、身体を温めて、免疫力を高めます。そしてペニスに作用して大切な勃起を促し、便通を促進する機能を司っているのです。

便通を促進するとは、胃と大腸の間にある約6メートルにおよぶ長い**小腸のリズミカルな動き（ぜん動運動といいます）を促す**ことです。

小腸のぜん動運動によって、ゼリー状になった食べ物と腸内の無数の細菌が見事に混ざり合い、細菌の分解力で食べ物を吸収されやすい物質に変えるのです。

その結果、食べ物が腸内の細胞に効率よく吸収され、最終的に糖質、脂質、タンパク質の栄養素などに細かく分解されて肝臓に運ばれます。肝臓で酵素やホルモンなどの大切な物質を合成したり、貯蔵したりし、全身に運ばれることになります。

自律神経のもうひとつ、交感神経は元気ハツラツの興奮モードを活性化する働きがあります。血管に作用して血圧を上げ、身体を冷ましてくれます。集中して勉強したり、仕事や運動などで頑張ったりできるのは交感神経のおかげです。

日々の生活では、副交感神経と交感神経がバランスよく連動しながら朝の目覚めから、夜の睡眠までの日常活動をコントロールしています。

しかし、イライラ、不安、怒り、悲しみなどの精神的な不調から抜け出せないでいると、強いストレスとなって交感神経はいつまでもダラダラと刺激を受けて、副交感神経の活性化が妨げられることになります。**ストレスに陥ると同時にステロイドホルモンやアドレナリンなどのストレスホルモンが分泌**されます。

ストレスが続くことで、副交感神経がコントロールしているリズミカルなぜん動運動ができなくなります。便秘や冷えが起こるだけではありません。小腸には口から体内に入る食べ物のほかにも、細菌やウイルスなどの病的な微生物があります。そうした**体外から侵入する微生物に対処できる最大の免疫（病気に対する抵抗機能）の場所が小腸**で、全身の約7割の免疫細胞が集まっています。**ぜん動運動が低下すれば腸内の血液の巡りも悪くなり、免疫作用も腸内細菌の分解作用も低下**して食べ物の腐敗や生き残った微生物などから**不純物や有害物資が産生**されます。

だからこそ心身に影響が出てきます。穏やかな気持ちが消え、緊張感が続いて落ち着かず、不信感や怒りっぽくなります。さらにストレスが続けば、ますます自律神経のコントロールを失い、ときに落ち込んでふさぎ込み、生活への意欲や関心も薄れたりします。引きこもったり、不眠が続いたり、便秘や勃起機能に障害が出たりします。勃起障害が続けば、本当にＥＤになってしまいます。血液の流れにも影響して冷えやしびれ感がひどくなったりするのです。そして、特にぜん動運動の低下から、悪化した腸内環境の中で産生された不純物や有害物資が健康障害を招く誘因になるのです。

▼ストレスが諸悪の根源・活性酸素を生み出す

重ねて説明します。食べ過ぎ、運動不足、飲み過ぎ、喫煙、夜更かしなどの身体的な悪しき生活習慣そのものが、やはり交感神経を興奮させて副交感神経を抑え込み、腸内環境に悪影響を及ぼしてストレスを引き起こします。

先に述べた**精神的ストレスでも、身体的ストレスでも、ともにステロイドホルモンやアドレナリンなどのストレスホルモンが主に肝臓で分泌され、最終的に肝臓から活性酸素と呼ばれる物質が過剰に産生**されるのです。悪化した腸内環境から吐き出された不純物や有害物資も活性酸素産生に拍車をかけます。

皆様も一度は活性酸素なる言葉をお聞きになったことがあると思います。活性酸素とは主に肝臓で産生されるガス状の物質で、身体の隅々に容易に入り込むことができます。過剰に存在すると正常な細胞を攻撃して細胞を傷付けたり、細胞を死に追いやったりします。一方で、適量の活性酸素は、口から入ってきた病的な微生物を攻撃し、傷付いた細胞や寿命になった細胞を破壊し排除する役割を担っています。

要するに**ストレスとは、肝臓で生み出された過剰な活性酸素が全身の健康障害を招くこと**だと言い換えることができます。これがストレスの持つもうひとつの怖い定義となります。

具体的に、たとえば食べ過ぎや運動不足は、普段以上に取り込んだ栄養成分や有り余ったエネルギーの合成、貯蔵などの作業を肝臓で余計に行う必要があり、これらが全てストレスとなって活性酸素が生み出されます。

飲み過ぎでは、過度なアルコールは分解、解毒すべき対象ですから、そうした作業を肝臓内で集中的に実施しなくてはなりません。これもストレスです。

喫煙すれば、肺内から血中に送り出される燃料の酸素量が減るのですから、全身の細胞のストレスになります。それに、タバコの有害物質が交感神経を強く刺激し、副交感神経を抑制するのです。ストレスそのものです。

夜更かしとなれば、普通なら副交感神経が活性化して交感神経が沈静化している時間なのに、交感神経が延々と燃え盛るのですからたまったものではありません。

▼心身のストレスと生活習慣病の男女差

お気付きでなければ申し上げます。前述した食べ過ぎ、運動不足、飲み過ぎ、喫煙、夜更かしなどのストレスを招く生活習慣は女性より男性に多く認められています。だからこそ、残念ながら肥満、高血圧、糖尿病、がんなどの生活習慣病が男性に高頻度に起こっています。そして、男性は、高揚感を持って仕事に集中できる反面、対人関係では、**ストレスで怒りっぽく、独りよがりになったり、または無関心や無気力になったりする傾向があります。何より、夫婦間にコミュニケーションが途絶えセックスレスを引き起こします。**

一方の女性は、悪しき生活習慣のストレスが比較的少ない状況の中で、注目すべき事実があります。前にも述べましたが、およそ28日間の月経周期に合わせてエストロゲンとプロゲステロンの女性ホルモンが周期的に分泌量を増やして作用することです。ここでエストロゲンが副交感神経と類似の、プロゲストロンが交感神経類似の、それぞれの作用を発揮するのです。本来の副交感神経と交感神経はシーソーのように、相互に強くなったり弱くなったりする関係を持続させているのですが、ここに月経周期の大きなうねりが加わることで、自律神経やストレスの反応に少なからず男性との違いが生まれています。

女性はある程度ストレスに感じるような環境や対人関係の変化に男性よりも順応可能です。家事・育児に新たな仕事が加わっても比較的淡々と対応することができます。突然、見知らぬ女性同士が同席したとしても、会った瞬間から年来の友人のように会話がはずみますが、男性同士なら何時間たっても無言のままかもしれません。

ただ、心身の何らかの強い変化に直面すると、自律神経のバランスが崩れやすく、ストレスを引き起こしやすい傾向があります。**苛立ちや不信感に加えて、男性以上にうつ症状が出やすく、無関心や無気力に陥りやすいのです。当然ながらこちらもパートナーとのコミュニケーションやセックスの機会が失われてしまいます。**

▼ストレスのない生活習慣が夫婦円満の条件

ストレスのない生活習慣こそが人生100年を健やかに生きる術であり、夫婦円満を支える絶対条件なのは明らかです。

さらに大切なことは、ストレスによって生じる諸悪の根源の活性酸素を取り除くことです。その活性酸素を除去できる作用を抗酸化作用と呼び、そうした作用を有する物質を抗酸化物質と言います。

もちろん、ストレスの全くない日常生活などありません。何らかのストレスの中で常に活性酸素が生み出されています。このため、悪しき生活習慣を改善することに加えて、普段より抗酸化物質を摂り、抗酸化作用を高めるようなことを心がける必要があるのです。

体内には初めから抗酸化物質が数多く存在しています。その中で**最も強く、最も多量に存在している抗酸化物質が女性ホルモンのエストロゲン**です。

実は、同じ病気でも男女で発症率や悪くなる度合いに違いがあります。このため、診断と治療方法の両方に男女の違いを考慮した医療が必要で、これを性差医療と呼んでいます。特に私は、肝臓の病気が女性に少ない理由として、女性が主にエストロゲンによって守られている事実を科学的に証明し、提唱してきました。実際には、肝臓だけにとどまらず、活性酸素が関わる肥満、高血圧、糖尿病などや肝臓を含む多くのがんなどの生活習慣病から、女性を守っています。

ただし、エストロゲンそのものが男性ホルモンのテストステロンからも作られていますから、**テストステロンにも抗酸化作用**があります。エストロゲンに近い物質が多く含まれるのが、味噌・豆腐・納豆などの大豆製品、ブドウ、アボガド、リンゴなどの果物、赤ワイン、コーヒー、緑茶などがあります。その他野菜、玄米などやビタミン類にも抗酸化作用があります。

抗酸化作用を高める方法や抗酸化物質についてはあとであらためて述べたいと思います。

ポイント

悪しき生活習慣も含めた心身のストレスが、過剰の活性酸素を生み出します。個人に苛立ちや不信感を抱かせ、無関心や無気力にさせて、夫婦間のコミュニケーションやセックスの機会を失わせてしまいます。ストレスのある生活習慣を改善し、抗酸化物質の摂取と抗酸化作用を高めることが夫婦円満の条件です。

男性の皆様、食べ過ぎ、運動不足、飲み過ぎ、喫煙、夜更かしなどのストレスが、結局は、最も身近な奥様との間に、最も望まない心身の溝を作り出すことを認識してください。

(10) セックスとコミュニケーションの性差

▼男性はセックス行為そのものを、女性はスキンシップを好む

そもそも男女は脳の作りから違っています。男性の脳は同じ身長の女性の脳より重く、女性の方が脳を効率よく活用しているらしいのです。そして、女性では左右の脳をつなぐ脳梁と呼ばれる部分が男性より厚みがあり、左右の脳の連絡が良いことなどから、**女性は多くのことを同時に考える器用さを持ち合わせています**。反対に**男性は脳の構造上ひとつのことに集中する傾向**があります。

さらに、脳内で言語を司る機能が男性では左側の脳内にしか認めないのに、女性では左右両方の脳内に多数存在しています。このため女性は、男性以上に多種多様な言葉を操ってより表現豊かな会話を生み出すことが可能だといえます。

また、実際に性欲や性的行動パターンに違いがあるのです(図11参照)。**男性脳は視覚に高い性的感受性があって、見ただけで興奮**できます。絶対的な男性

ホルモンであるテストステロンの作用で征服的・狩猟的、自己顕示欲が強い性欲となり、**直接的なセックス行為を好む傾向**があります。オシャレしたい、カッコいい車に乗りたい、金持ちになりたいという欲望も、できるだけ多くの女性にモテて、セックスしたいという深層本能に突き動かされていることが多いのです。

一方、**女性脳は雰囲気や気持ちの変化に敏感で、音楽、言葉などに対して高い聴覚的感受性があり、共感的欲求にあふれる傾向**があります。

共感的欲求とは、自分の気持ちや考えを聞いて欲しい、理解して欲しい、同調して欲しいなどの欲求です。同時に相手が何を感じ、何を思っているのかを知り、相手の感情に寄り添いたいと望みます。

前にも書きましたが、オキシトシンは愛情ホルモンやコミュニケーションホルモンとも呼ばれるホルモンです。女性ホルモンのエストロゲンが強くオキシトシンを刺激して分泌量を増加させますが、スキンシップや会話だけでも分泌が高まるのです。

特に言語的感性や聴覚的感受性は、子育てに不可欠な要素です。幼子の表情、動作、言葉の微妙な変化に気づいて対応する能力と、集団の中で助け合う能力が求められて

図11　セックスとコミュニケーションに関係する男性脳と女性脳

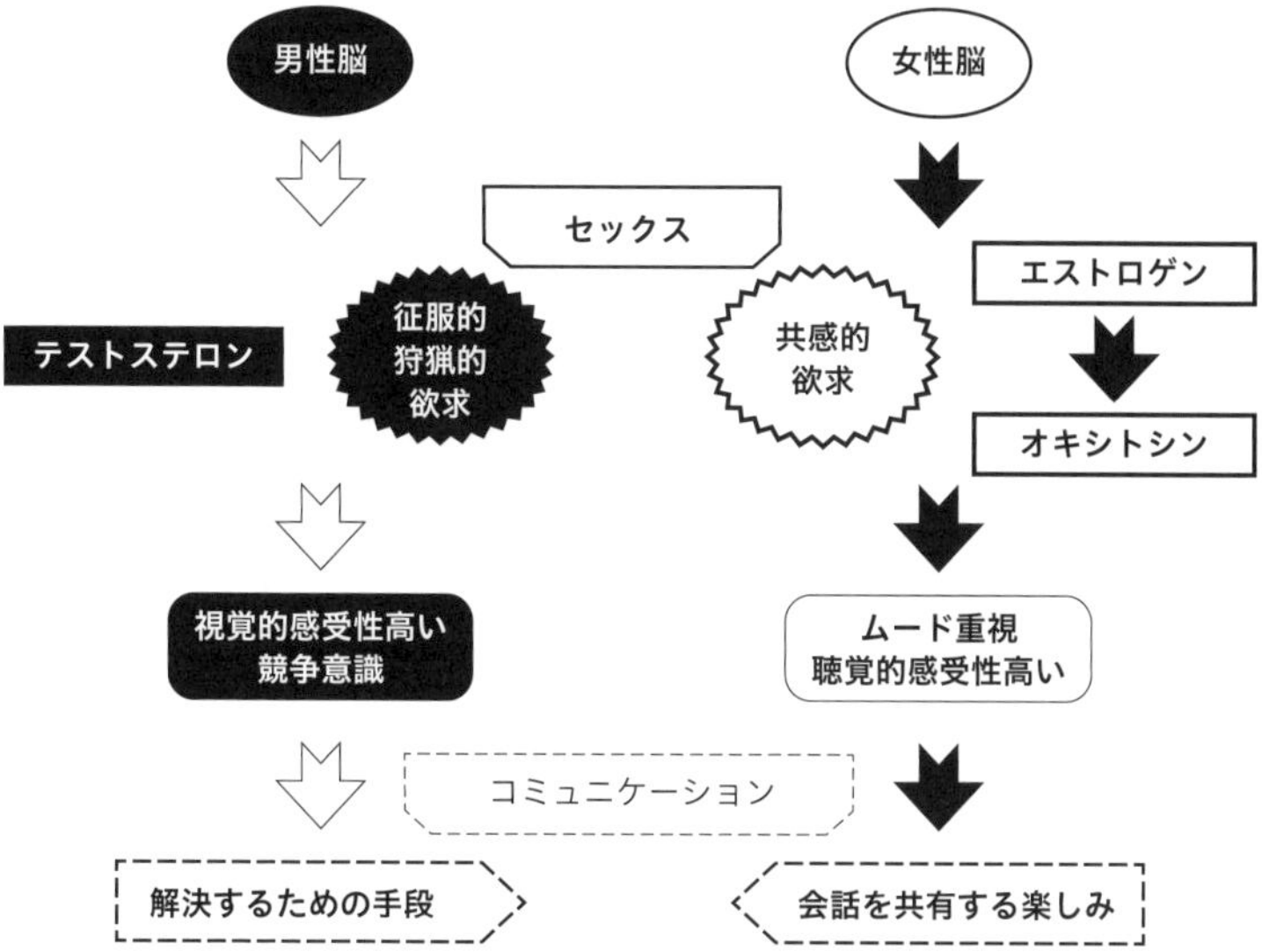

男性は征服的・狩猟的欲求が強く、直接的なセックス行為を好みます。女性は共感的欲求が強く、スキンシップや会話などの雰囲気や聴覚的刺激にひかれます。男性のコミュニケーションは問題解決のための手段ですが、女性の場合は会話そのものを楽しむ傾向があります。

きたからです。

女性にも、男性の1割ほどのテストステロン分泌があるため、男性的な性欲も存在しています。しかし、それ以前にエストロゲンとオキシトシンが生み出す共感的欲求が強く働き、**直接的なセックス行為と同等以上にスキンシップや会話などの雰囲気や聴覚的刺激を好む傾向**があるのです。

▼コミュニケーション：女性は会話の共有、男性は問題解決の手段

男女のコミュニケーション機能にも明らかな性差があります。
一般に**男性は、コミュニケーションを問題解決や目的達成のための手段だと認識し**ています。意見を交わすことで問題点を明確にし、信頼関係を築くのは交渉で優位に立つためだからです。このため、たとえば、単に話を聞いて欲しいだけの妻に「それで、君は何が言いたいの？」という発言は、彼女の不満を招くだけですので、ご注意ください。さらに、職場での序列や優位性をめぐる競争過程で、心のきずなを重視しない人間関係にすっかり慣れてしまっています。多くの男性は、心のきずなのために必要なコミュニケーション機能を磨こうとは思っていないのです。職場から離れ、地

域社会や家庭に戻って競争意識がオフになると**友人や妻でさえも、より良い関係構築のために努力すべき対象にはなっていません**。当たり前の存在として認識し、今以上の心のきずなを築こうとはしていないのです。

男性にとっての交流は、「おしゃべり」以上に、野球やサッカー、またはゲームを一緒にする、スポーツを観戦する、一緒にお酒を飲む、などのようにスポーツや興味がある「媒介するモノ」を通して成立しています。このような交流である限り、人間関係に配慮することも、関係維持のためにコミュニケーションを活用する必要もあまりないのです。

ところが女性は違います。**女性は小さいころから、雰囲気や気持ちの変化に敏感で、周囲の人間関係を読み解き、お互いのきずなを大切にしてきた**のです。優れた言語的感性と高い聴覚的感受性を駆使して、共感関係を築き、維持する努力を惜しまなかったといえます。お陰で、男女のコミュニケーション機能に格段の違いが生まれてしまったのです。

女性にとってのコミュニケーションは、主に会話を共有して楽しむことです。自分が話すことが喜びとなり、ただ聞いてもらうだけでよいのです。男性のように何か媒介するモノがなくてもよいのは、電話だけで何時間でも話ができることからもわかります。

▼夫婦喧嘩にあらわれる性差

前にも述べましたが、一般に女性のほうが夫婦関係に目を向けて、感情的な結び付きを相手に求める気持ちが明確です。男性は感情や欲求を抑えて問題の解決を優先し、夫婦の感情的、情緒的な関わりを追求するより静観しようとする傾向があります。このため、**夫婦喧嘩となれば、女性はその時の感情を言葉で表現しますが、男性はむしろ女性との対決を避けて沈黙します**。そして**夫の沈黙がますます妻の苛立ちに火を付ける悪循環に陥る**ことが多いのです。

そもそも夫婦喧嘩を引き起こすキッカケは、たとえば「約束の時間に遅れた」や「洗濯物を取り込んでいない」など、日常の極めてささやかな出来事なのです。しかし、そこから、これまでに積もり積もった夫婦関係の不満が引きずり出されて、一気に爆発するのです。この意味でも**夫婦喧嘩はその時々の感情に支配**されていますが、**根底に、夫婦間のコミュニケーション不足や家事・育児・介護分担不足**があることは繰り返し述べてきました。もっと感情論的に夫婦関係というものが、「**私のために一緒にいてくれる？**」**の呼びかけに**「**いいよ**」**と応えてくれる関係**だと言いかえれば、夫婦関係の不満も喧嘩の原因も、もっと簡単に表現できそうです。

それは、「**自分の存在を受け入れてくれない**」**ことへの苛立ちであり、**「**かまってくれない**」**ことへの寂しさ**なのです。

これからは、もし夫婦喧嘩に直面したなら、ぜひ、夫婦喧嘩のキッカケとなる心の奥底の感情を見つめ直してください。そこには必ず、お互いが自分の存在を認めて欲しいとか、かまって欲しいというような感情が存在しています。

ポイント

男性脳は征服的・狩猟的欲求が強く、直接的なセックス行為を好み、コミュニケーションは問題解決のための手段です。女性脳は共感的欲求が強く、スキンシップや会話などの雰囲気や聴覚的刺激にひかれます。女性のコミュニケーションは会話を共有して楽しむことを望みます。

男女の会話の中で、双方が合点しにくいのが、妻との会話中に夫が感じる「それで、あなたは何が言いたいの?」です。夫は男女差を理解して、どこまでも聞き役に徹してください。

コラム4　幸福のパラドックス

所得と幸福の関係について、近年の経済学的調査から「幸福のパラドックス(=矛盾)」と呼ばれる興味深い結果が導かれています。

多くの国別調査で、所得水準は人が感じる幸福度に重要な要因として影響をおよぼしていることは間違いありません。特に、食べ物や住まいといった基本的なニーズが満たされていない状況では、人は一般に不幸を感じることになり、そうした基本的ニーズを賄うのに必要な所得が多ければ多いほど人の幸福度が上がります。

ところが、その国の社会生活における衣食住をある程度まかなえるほどに所得水準が達していると、その水準から所得が増えても、その所得の増加に見合うだけのより高い幸福度が得られるわけでないのです。

所得が増えれば増えるほどますます幸福度が高まるという正比例の関係にないことで「幸福のパラドックス」と呼ばれています。これは、特定の国においてのみに見られる現象ではなく、様々な国の比較でより顕著に現れています。たとえば、周辺の多くの先進国よりも高い幸福度を示す発展途上国が数多く存在しているのです。

社会生活に最低限必要な物質的ニーズを満たす所得水準にあれば、所得以外の要因、すなわち、健康、自由・余暇、個人的・社会的な人間関係などの全てが所得よりも幸福度に影響を与えることになるのです。俗に「幸せはお金で買えない」と表現されるゆえんです。

また所得が幸福度に与える別の影響要因があります。「相対的所得」や「比較所得」と経済学者が呼ぶものです。

私たちは、多方面の境遇において大なり小なり他人と比較する傾向にあります。特に自分の所得に関しては、自分と同じような仕事をして、同じような経験や資格を持っている人が自分の所得より多かったり、昇給したりすれば、残念ながらそれなりの幸福度の低下を感じるものです。そして、周囲や社会全体が、たとえば失業率が高い状況で自分も失業の境遇にあるなら、人は、意外と現状を受け入れ、幸福度が大きく低下することがないのです。

こうした他人との所得の比較が幸福度を左右する要因のひとつですが、別の見方をすると、「野心」や「嫉妬」とも表現できる個人の感情要因が存在します。一般に人の野心は所得とともに増大し、野心を抱くことで人を幸福にするはずです。ただし、挫折すれば一気に幸福度が下がることになります。一方で他人への嫉妬は人を不幸にします。

さらに人には驚くほどの適応力があることも重要な影響要因です。所得の増加や低い所得の不均衡状態にもやがて適応するからです。もちろん、所得に限りません。結婚生活における重要な出来事、すなわち結婚、離婚、配偶者の死などに対しても、そうした状況に慣れて、次第に幸福度の高低差が薄らぐ傾向にあるのです。不可思議ではあっても、長い日々の生活には、人として必要な資質なのです。

第2章：

夫婦問題の解決

(1) 100年人生における夫婦の役割分担交代のススメ

▼100年人生となって蓄積した夫婦不満が爆発寸前

長年連れ添った夫婦が、なぜ、離婚するのでしょうか。その原因について、男女差、すなわち性差を踏まえながらここまで考えてきました。正確には、**離婚を望む妻が夫より約2倍多いのですから、主に妻が熟年離婚に至る原因を探ってきた**ことになります。それは私自身の現在進行形の懸念でもあったからです。

最大の問題は、人生100年時代を迎えて、蓄積され続けた夫婦間の不満が今にも爆発寸前になっていることです。無視や我慢をするには残された夫婦だけの日々が長すぎるのです(図12参照)。夫婦間の不満で重要なのは、まず夫の家事・育児・介護分担の不足です。それでも大半の妻が、たとえフルタイムの正規雇用であっても「男は仕事、女は家庭」の性役割分業観を容認しています。もし、**感謝や労いの言葉など、夫婦間にコミュニケーションがあればまだまだ夫婦愛が冷めることはなかった**のです。

残念ながら、そうしたコミュニケーション不足に加えて、**夫婦間のスキンシップや**

図12　夫婦問題の総括

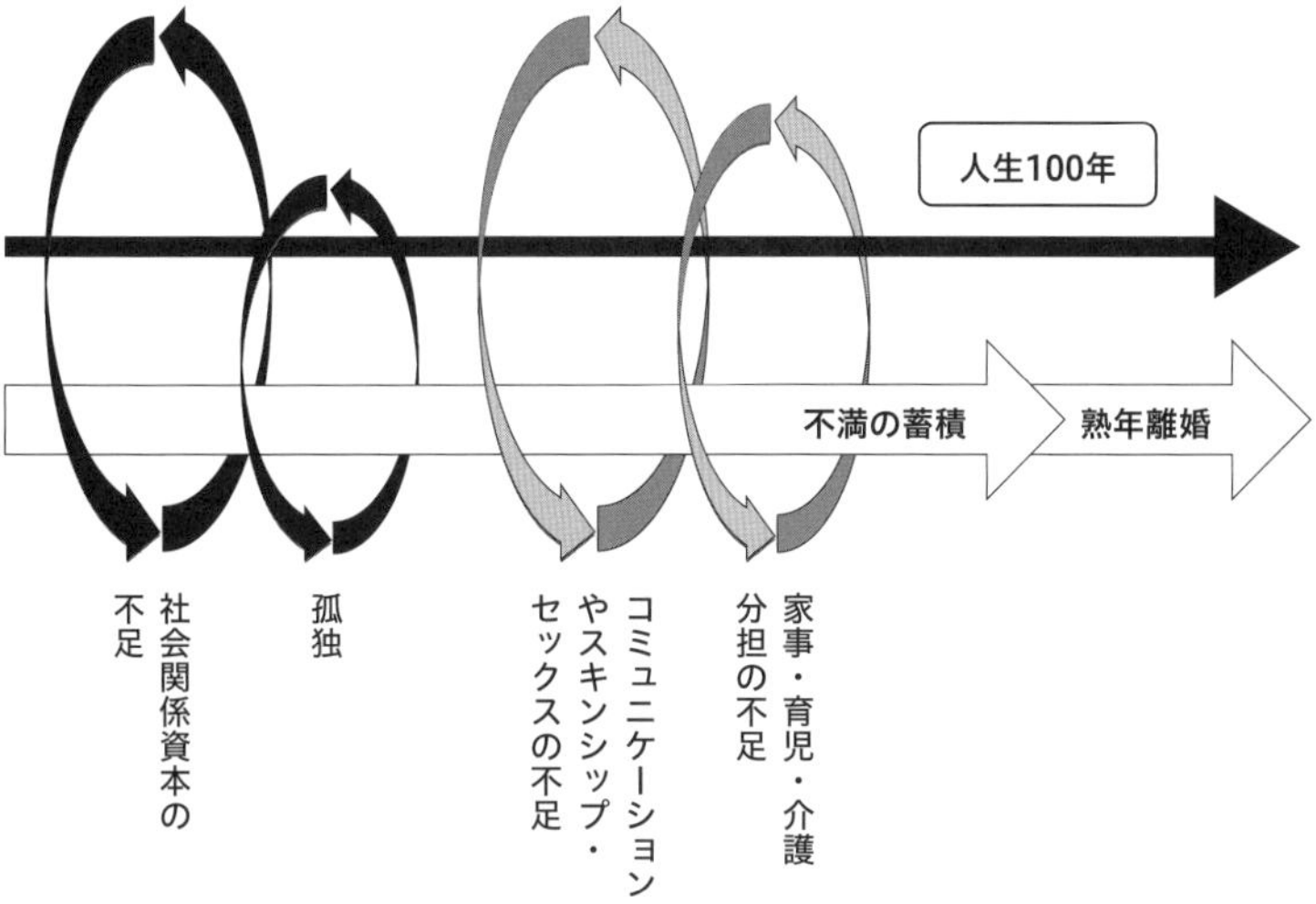

人生 100 年時代となり、不満が蓄積される度合いが増加。夫婦間の主な不満は家事・育児・介護分担の不足、コミュニケーションやスキンシップ・セックスの不足です。社会環境的にみれば社会関係資本が乏しく、孤独であることで社会的な信頼や個人の輝きを失うことになり、これらが重なって熟年離婚に至る可能性があります。

セックスのなさが冷えた夫婦愛をさらにおとしめています。

そして日本の男女は社会的にみれば社会関係資本が乏しく、特に男性は世界一の孤独です。親しい友人がなく、特にスポーツ・娯楽・趣味の集まり、町内会・自治会やボランティア・NPO・市民活動などへの参加といった対等な人付き合いが貧弱です。このいわば**社会的に孤立した孤独が、夫婦の不満やストレスが解消されずに放置される背景**となり、周囲との信頼感・連帯感や個人の満足感・幸福感をも失わせることになります。それらが、蓄積した夫婦間の不満と重なって熟年離婚に至る可能性があるのです。

▼長い人生の転職実話

最初に人生100年時代に向けて、奥様のために55歳で転職した男性の人生変革とその夫婦愛の実例について述べたいと思います。

83歳の礼二さん（仮名）は、私の診察室に入るなり、「先生、元気ですね」と、満面の笑みでおっしゃる。

「それは、私のセリフです。礼二さんの笑顔に私の方こそ元気をもらえますよ」

そんな軽口が言えるような爽やかで気の置けない雰囲気をいつも周囲に醸し出していらっしゃる。身なりはいつも小ぎれいだ。晩秋の今日は厚手の淡いピンクの長そでシャツに、茶色のデニムのパンツ、襟元からライトブルーの薄いスカーフをのぞかせ、オシャレを十分に楽しんでおられます。

礼二さんは、3年ほど前より高血圧で私の外来を受診し、折に触れ同じ年の奥様のことをお話しされていました。奥様は50代より、腰椎の病気で腰痛や歩行困難が強くなって身の回りのことや家事が次第にできなくなっていました。そこで礼二さんは決心したのです。夫婦にはお子さんがいませんでしたので、これからは奥様のそばにいて、家事や身の回りのことなど、奥様の作業を積極的に分担しよう、そして、二人とも絵本が大好きでしたから、自分たちで絵本の専門店を持とうと思い立ったのです。

1年半ほどの準備期間を経て、礼二さんは会社勤めを辞めました。自宅を改装して、絵本を中心に扱う小さな本屋をオープンしたのです。礼二さん55歳のときです。それからは、絵本の読み聞かせ会などのイベントも行い、しっかり地域社会に根ざした交流を夫婦二人で続けてきました。

しかし、80歳を前にしたころより、奥様に異変が現れます。たとえば、朝自分から約束したことを夕方にはすっかり忘れていたり、同じものを何度も電話注文したり、料理の味付けがおかしくなったりしていました。その後認知症との診断を受けます。礼二さんはこれまで以上に奥様に寄り添い介助をするのですが、残念ながら、病状が急速に進行していきました。特に寝る頃になると、急に身の回りの物を捜し出し、見つからないと不安になって、一晩中起きて朝から断続的に眠りに入るような昼夜の逆転が起こり始めました。自宅での介護が困難になったのです。

25年続けた本屋も閉じて、奥様は3年前に介護付きの高齢者施設に入所されました。礼二さんは、自宅の庭で自らが栽培したイチゴや野菜を使ったサラダを毎週高齢者施設に持参しておられます。本人はできるだけ健康で長生きするために栄養バランスのよい食生活と散歩などを欠かさない健康生活に気を付けておられるのです。

「次第に私のことがわからなくなっていくのがとても心配です。たとえ私が誰なのかがわからなくなっても生きているだけでよいのです。私ができる限り、最後まで彼女のそばにいたいと願っています」

奥様に対する献身的な愛情だけでなく、そうした日々の生活を悲観的どころか、むしろまるで生きがいのように前向きにとらえている姿が、ともかく素晴らしい。それに小ぎれいでオシャレで、誰に対しても謙虚な姿勢で対話を楽しんでおられる。

▼ライフ・シフト挑戦

人生100年時代では、単に平均寿命が延びただけではありません。少子化が急速に進んでいるのです。世界の先進国に共通した現象です。日本では女性1人が生涯に産む子どもの平均数が1975年に2人を切って以後、減少傾向が続き、2015年には1・45人となりました。このため、**人生100年における子育て期間の割合が結果として少なくなった**のです。

言いかえれば、性役割分担の中心的対象であった子育てを実感しないで過ごす日々が確実に長くなったことです。しかも、男性の長時間労働が少しずつですが改善傾向にあり、男女の賃金格差や労働参加率の格差も次第に縮小しています。男性だけが稼ぎの担い手ではないのです。退職すればなおさら、**いつまでも家事・育児・介護を女**

性だけが分担する理由も根拠も希薄になってきています。

「人生100年時代」のフレーズを浸透させた話題作『LIFE SHIFT 100年時代の人生戦略』(2016年)では、これまでの人生が20代までの教育、60代までの仕事、それ以後の引退という3ステージで、同世代が足並みを揃えて一斉に行進していたと説明。人生100年時代になれば、60代で引退とはならないのです。現役で働く期間が延び、著しい社会・科学環境の変化にともないひとつのスキルだけで一生稼げる時代ではなくなりつつあるとしています。だからこそ、**学び直しの学習を重ねながら、複数のキャリアを渡り歩いて実践するライフ・シフト**を勧めています。

ライフ・シフトにはまだ適した訳語がありません。あえて訳すならば、「人生の変身・変革」でしょうか。時代環境をくみ取りながら、長い人生を生き抜くために自分に適した変身・変革を実践していくことです。

こうした長い人生の変身・変革挑戦は、日々の生活に輝きをもたらし、本人だけでなくパートナーさえも活き活きとさせるはずです。夫婦相互の共同作業になるからです。

特にライフ・シフトのための学び直し学習に対して、2017年内閣府が「人生

100年時代構想会議」を設置し、改革の柱にしようとしています。

社会人の学び直しの必要性はこれまでも提唱されてきたものです。しかし、十分に浸透してこなかった最大の障害は企業の姿勢かもしれません。終身雇用や年功序列の社会風土だけが残り、仕事のキャリアアップを望んでも、キャリアチェンジを望まない土壌が存在していたからです。こうした雰囲気の職場で、仕事の忙しさのために、さらには家事・育児・介護の忙しさのために、学び直しの余裕などなかったのです。しかし、政府の大号令の下、残業時間削減の動きが出始めています。大手企業でも副業を解禁するなどの変化の兆しが見え、確かに社会の潮流が変わろうとしています。

長い100年人生に向けて、男女ともぜひ学び直し学習をしてください。単に目先の仕事だけが目的ではありません。**生涯学習の意味でも、日々の生活に生きがいと幸せをもたらしてくれます**。たとえば夫が学び直しのために、一旦離職して自宅からの学習になるなら、どうでしょうか、妻が仕事に出て稼ぎ頭になり、夫が家事・育児・介護を分担するなど、一度試すのもいいかもしれません。そして、逆に妻が学び直しで自宅を空けるなら、今度は夫が少しでも妻の役割を受け持ってみてはどうでしょうか。ぜひ、奥様の学習チャンスを応援してください。

ポイント

人生１００年時代となり、現役で働く期間が延び、ひとつのスキルだけで一生稼げない状況となりました。夫婦が学び直しの学習を重ね複数のキャリアを実践することは、新たな夫婦協力関係を生み出します。

たとえば夫が学び直しのために離職するなら、妻が仕事に出ましょう。妻は、仕事のためにも学び直しが必要です。自宅を空ける妻に代わって、夫は家事・育児・介護を積極的に担当していただきたいのです。男性にとっての新たな経験は必ずやそれからの人生を前向きに幸せな気持ちにしてくれます。

（2）100年人生だからこそ夫婦の心身の健康が必要

▼運動が心身の健康とセックス力をアップ

人生100年時代に突入したというのに、筋力の衰えや病気などで、誰だって介護が必要な状態になることや寝たきりで過ごすことなど考えたくもないはずです。夫婦が心身ともにいつまでも健やかに過ごせることは、夫婦間の信頼や愛情の根底にある願いです。何より、気持ちを前向きにさせて、セックスを含むコミュニケーションを常に新鮮に保つための必要な条件です。

長い100年人生を活き活きと元気に生き抜くために、言うまでもありませんが、即効性の特効薬や秘策が存在するわけではありません。ただ、ストレスを長引かせず、抗酸化物質を含む食品を毎日摂取し、こまめな運動を欠かさないことだけです。もちろん、現代社会ではどれもが難題ですが、中でも**一番大事なのが運動**です。運動に勝る対策はありません。

一般に運動というと、ウォーキング、ランニング、水泳や野球、サッカー、ゴルフなどの「有酸素運動」を指します。有酸素運動とは、持続的に筋肉を動かして、酸素を燃料として体脂肪（肥満の主要因となる全身の皮下脂肪とお腹の脂肪—内臓脂肪—を合わせたもの）を燃焼させる運動全般を意味する言葉です。脂肪燃焼を促すことで体脂肪減少効果が優れています。これに対して、スクワットなどの筋トレは、瞬間的な筋肉運動のため、糖質を燃料として酸素を必要としないことで「無酸素運動」と呼ばれています。筋肉量を徐々に増やして、安静時にも体内燃焼量が高まることで太らない体質にしてくれます。

有酸素運動でも無酸素運動でも、特に体幹や下半身の筋肉の運動は、健康生活の改善や増進のためには不可欠です。筋肉が力強くリズミカルに伸び縮みすれば、ローラーのような作用で血管内の血液の流れや神経伝達などが活発になります。

さらに自律神経の働きが良くなります。交感神経と副交感神経の切り替えがスムーズに機能するようになりますから、排便や寝つきが良くなり、疲労回復効果を高めて食欲も改善します。本人やパートナーに対するイライラや不安などの精神的不調が遠ざかり、**心身のストレスを解消**してくれるのです。運動がストレスを解消してくれることはぜひ記憶にとどめてください。

その結果、**お腹の健康状態（腸内環境）が良くなり、全身への栄養物の配送も処理すべき老廃物や有害物質の回収もスムーズに**なり、**抗酸化作用も免疫作用も向上**します。身近な便秘、冷えなどの症状の改善や体脂肪減少効果などから、肥満、高血圧、糖尿病、さらにはがんなどの生活習慣病の予防・改善までやってくれます。

▼毎日30分ほどの速足の散歩

素晴らしいことに、運動による筋肉運動で男女それぞれの性ホルモンが高まるのです。

女性の場合、筋肉からのエストロゲンに加えて、低濃度のテストステロンや、副腎（左右の腎臓の上にある小さく薄い臓器。大切なホルモンを分泌）からの性ホルモンの親玉であるＤＨＥＡ《ディーエイチイーエー》と呼ばれるホルモンが産生されます。そしてＤＨＥＡの一部が変換されて、副腎から微量ながらエストロゲンやテストステロンも分泌されるのです。男性も、テストステロンやＤＨＥＡの一部が変換されて少量ながらエストロゲンも産生されています。衰えかけていた男性脳や女性脳の性欲が改善することに加えて、男性ならテストステロンで勃起力が向上し、エストロゲンで抗酸化作用を増強します。女性ならテストステロンが本来女性に少ない筋肉量を付けて、太りにくい体質に変えてくれます。

皆様が、もしさしあたってスポーツに取り組んでおられないのなら、ぜひ、簡単に始められる「**ほんの少しの早足（時速6キロメートルほど）**」**の散歩をおススメ**します。**毎日たとえ30分ほどの速足運動でいい**のです。脂肪燃焼も性ホルモン分泌もしっかり起こります。30分を2回に分割しても結構です。駅やデパートなどでは、エスカレータやエレベータの代わりに階段を使いましょう。移動で使う電車やバスでも、目的地のひとつ手前の駅やバス停で降りることにしてはどうでしょうか。

そして、たまの週末は、夫婦で木立の多い公園や近場の森に出かけて、うっすらと汗をかく程度の運動をしてください。こずえの気持ちよい揺らぎ音と木々の香りそのものがさらにストレスを和らげてくれます。

▼笑いやカラオケで寿命も延びる

筋肉をリズミカルに動かすのは、なにも筋トレや早足などを含めた運動だけではありません。声を出して笑うことやカラオケで歌うことでも効果があります。

笑うと顔の表情筋が頻繁に動き、横隔膜を短時間のうちに激しく上下させて、腹筋を運動させせます。**カラオケでも笑いと同等以上の効果**を示します。特に**カラオケの利点は腹式呼吸**です。声量豊かに歌うには、お腹を膨らませて息を吸い、お腹をへこませて息を吐く腹式呼吸でなければなりません。横隔膜をしっかり上下させて初めて、大きな声が出せるからです。男性は一般に腹式呼吸をしていますが、女性は、妊娠時に腹式呼吸ができず、胸式呼吸をするしかないために、どうしても普段でも胸式呼吸をする人が多いのです。

横隔膜を使う腹式呼吸をすれば、腹筋や呼吸筋などの体幹の筋肉が鍛えられます。深い呼吸によって横隔膜の運動が普段の2～3倍に高まり、約1・5倍も酸素を多く体内に取り込めます。しかも口の開け閉めを表情筋の動きをともないながらリズミカルに行うのです。このため、筋肉の動きに応じて性ホルモンの分泌が高まります。男性には主にテストステロンが、女性には主にエストロゲンが産生されます。筋肉に沿って走る血管がリズミカルに動き、酸素を運ぶ血液量が増加して、顔や脳内への血行も改善します。自律神経のアンバランスを是正してストレスを和らげ、抗酸化作用や免疫機能も向上します。

笑いを求めて寄席や漫才ショーの催しなどに、またはカラオケなどに、ぜひパートナーを誘ってお出かけください。

実は、私自身が別居中の妻を寄席に連れ出せるようになったのです。カラオケでは私の持ち歌の少なさと狂いがちな音程から私は心から楽しめませんが、寄席はいいですよ。反射的に腹を抱えて笑い、人情話にはしみじみと涙します。漫才はベテランぞろいだし、曲芸や手品にも心が和みます。そうそう、妻は紙切り（客のリクエストに応えて紙をハサミで切って形を作る芸）の林家正楽さんがお気に入りです。

寄席通いが、私たち夫婦のこれからの後半人生に向けて、とてもよいキッカケになればと願っています。何より、健康寿命を延ばすことは間違いありませんし、夫婦愛まで育んでくれると信じています。

ポイント

１００年人生では夫婦がいつまでも健康である必要があります。こまめな運動、声を出して笑うことやカラオケで歌うことは、筋肉がリズミカルに伸び縮みすることで、血液の流れや神経伝達などが活発化し、腸内環境が整います。同時に自律神経の働きが良くなり、心身のストレスを解消するのです。

夫婦の嗜好に合わせて、パートナーと森林浴に出かけたり、寄席や漫才ショーの催し、カラオケなどにぜひ参加してください。予想以上に幸せな気持ちを実感できます。

(3) 生活習慣の見直しと抗酸化物質を含む食品の摂取

▼抗酸化物質を含む食品のススメ

前項で述べたように、人生100年時代に最も適した健康法は定期的に運動を行うことです。そして次に大切なこと、それは抗酸化作用のある食品を毎日しっかり摂って、過剰な活性酸素を取り除くことです。

心身のストレスで生み出される活性酸素が**肥満、高血圧、糖尿病やがんなどの生活習慣病や、認知症、うつ病、男性更年期障害、EDなどの病気**を引き起こすだけではありません。夫婦間に苛立ち、不信感や無関心、拒絶といった不協和音を発生させて、セックスを含めたコミュニケーションの機会を失わせてしまいます。食べ過ぎ、運動不足、飲み過ぎ、喫煙、夜更かしなど主に身体のストレスとなる悪しき生活習慣を見直し、さらにはイライラ、不安、怒り、悲しみなどの精神的ストレスを長引かせないことです。

活性酸素を除去できるのが抗酸化物質です。最もよく知られているポリフェノールをはじめ、カロテノイドやビタミンＡ・Ｃ・Ｅの抗酸化物質があります。そして**ミネラルの亜鉛は、体内で活性酸素の排除に特異的に作用する酵素の原料**となります。

ポリフェノール類にはイソフラボンの味噌、豆腐、納豆などの大豆製品、リグナンのゴマなど、カテキンの緑茶（煎茶や抹茶など）やリンゴなど、その他には、赤ワイン、コーヒーなどの食品が分類されています。そして、カロテノイド類には、ベータカロテンの緑黄色野菜（ニンジンやカボチャなど）や海苔、リコピンのトマトなど、その他としてサケ、エビなどがあります。ビタミン類の中でも抗酸化物質として優れているのがビタミンＡ（緑黄色野菜、ウナギ、レバーなど）、ビタミンＣ（ブロッコリーやホウレン草などの緑黄色野菜、キャベツなどの淡色野菜、柑橘類など）、ビタミンＥ（玄米、食物油、タラコ、アボカド、アーモンドなど）なのです。

ここまでに述べた大豆製品、野菜、海藻など多くの抗酸化食品には、さらに大切な作用を持つ食物繊維が多く含まれています。食物繊維はカロリーにならない成分です。腸内細菌の中でもいわゆる善玉菌（身体にとって有用な物質を産生する）のエサとなり、便通を促すなど、これだけで腸内環境を改善する効果があります。同時に糖質、脂肪などを包み込み、コレステロールの体内への取り込みを抑えたり、血糖値の急激な上昇を防いだりして、脂質異常症、高血圧や糖尿病を予防するのです。

亜鉛は、実はタンパク質を構成しているアミノ酸のひとつアルギニンとともに勃起機能を改善する効果もあります。この**亜鉛やアルギニンの含有率の高い食品は共通するものが多く、また他の抗酸化物質を含む食品とも極めて類似**しています。たとえば、**昔から「精のつく」食品として親しまれているウナギ、カキ、ヤマイモ、レバーが一番**にあげられます。その他かつお節、干しシイタケや油揚げなどです。

▼毎日1杯の味噌汁のススメ

抗酸化物質やアルギニンをそれぞれ多く含む食品を使った食べ物として、あえて**毎日摂取すべき料理をひとつだけあげるなら、それは間違いなく味噌汁**です。日本の伝統的食品としてこれほど完成された優れものはありません。具材として豆腐・油揚げ、ワカメ、魚介類、野菜、肉類、シイタケなど抗酸化作用もあるどんな食品でも好みで加えられます。味噌そのものが強力な抗酸化作用があるうえに、善玉菌である乳酸菌や豊富な食物繊維を含む発酵食品として、快適な腸内環境に整える作用を持っているからです。さらに、味噌汁に血圧の改善効果があることも明らかになっており、味噌に含まれる塩分をそれほど気にしなくてもよいのです。

次項でも重ねて述べたいと思っていますが、味噌汁を高く評価している私は、味噌そのものを自家製として作っています（簡単な手前味噌の材料セットがインターネットなどでも入手可能）。自分だけの特注味噌ですよ。毎日味噌汁を作りたくてしかたありません。なお、作り方の詳細は割愛しますが、お伝えしておきたいポイントがあります。ボイルした後の大量の大豆を厚手のビニール袋（砂利などの固く重い物の運搬用。ＤＩＹ店などで入手可能）に入れて、両足で踏みならすと、大豆全部を容易にすりつぶすことができます。ぜひ皆様も手前味噌に挑戦して欲しいと思います。

最後に、カロリーや（特に味噌汁以外の）塩分の取り過ぎそのものがストレスになることを認識して欲しいと思います。塩気の多い料理は、動脈硬化や高血圧などの最大のリスクである前に、食欲をそそられてついつい食べ過ぎる元凶となります。現在体重オーバーの状態であるなら、なおさらです。

さらに近年、ダイエット目的でご飯などの主食をとらない人が増えています。しかし、ご飯の糖質は、筋肉の運動には大切なエネルギー源となるだけではありません。筋肉合成の原料となるタンパク質を利用するときには糖質の存在が不可欠なのです。食べ過ぎはもちろんですが、過度な糖質制限もおやめください。

▼節酒のススメ

節度ある適度な飲酒は「百薬の長」です。なぜなら、適度な飲酒は交感神経を鎮め、ストレスを和らげます。善玉コレステロールを増やし、血液の流れをスムーズにして、動脈硬化を抑制するなどの優れた医学的効果があります。

適度な飲酒量とは、ビールなら中瓶1本（500ミリリットル）、清酒なら1合（180ミリリットル）、焼酎なら0・6合（110ミリリットル）、ウイスキー・ブランデーならダブル1杯（60ミリリットル）、ワインならワイングラス1・5杯（1杯分は120ミリリットルで180ミリリットル）までなのです。

この中では何といっても**赤ワインがイチ押し**です。アルコールでありながら抗酸化食品として、健康寿命を延ばし、勃起機能を改善するからです。ぜひ、パートナーと赤ワインのボトル1本を、おしゃべりしながらゆっくりと飲みほしてください。ただしこの量は、お酒を比較的飲み慣れた夫婦の場合です。個人差がありますので、ほろ酔い状態を超えて、気分が悪くなるほど飲むことだけは決してしないでください。

アルコールには利尿効果があり、排尿のために夜間目が覚めやすくなり、不眠の原因にもなります。そしてアルコールは肝臓にとっては分解すべき異物そのもの。過度な飲酒が続けば、分解作業のために大量の活性酸素を生み出して、健康障害を引き起こします。男女の性ホルモンの分泌低下まで出現し、男性では勃起障害やED、女性ではセックスへの関心が削がれ、夫婦間のセックスを含むコミュニケーションそのものが欠落してしまいます。

▼禁煙のススメ

喫煙は、よく知られた肺の病気に加えて、日本の三大死因である心臓病（心筋梗塞など）、脳卒中、がんの発症に最も密接に関係している悪しき生活習慣です。それは、喫煙によって発生した多量の活性酸素を除去するために、体内の抗酸化物質が枯渇し、自律神経バランスや免疫機能を含めた身体の防御機構がすっかり弱体化するからです。

このような重篤な病気でなくても、もっと身近にいろいろな悪影響が出ます。たとえば、タバコ成分と煙が口臭や体臭・加齢臭・ワキガの原因を作り出します。喫煙者本人だけにとどまらず、そばにいるパートナーにとっても受動喫煙はよりいっそうの悪影響を与えることになります。他人のタバコの煙を吸い込む方が有害なのです。

特に**男性では、肺の病気、動脈硬化や男性更年期障害、うつ病、前立腺肥大症などを引き起こし、ＥＤへ追い込みます**。精子の数や機能までもが損なわれるのですから、大問題です。**女性で顕著に現れるのが、シミ、シワなどが増えるいわゆる皮膚の老化と早期の閉経**です。平均2年ほど閉経が早まります。いわば女性機能全般を低下させるのです。男性以上にうつ病に進展しやすく、認知症などの発症のリスクが高まります。本当にロクなことがありません。

しかもタバコの値段が高くなり、喫煙できる場所が職場でも家庭でも減っています。「百害あって一利なし」のタバコをやめるなら今しかないのです。

▼「好きにならなければよい」人付き合い

最後に精神的なストレスについて述べておきます。

こうしたストレスの中で、最も経験する機会の多いのが、対人関係においての衝突です。**特定の人間を避けたいばかりに、「無視」したり「嫌い」になったりすることで心身に摩擦が生まれ、ストレスで疲れ果ててしまいます。**これは近所付き合いでも職場でも、日常的に起こり得ます。そんなストレスを家庭や職場で引き起こさないために、考え方を変えてみましょう。つまり、ネガティブなエネルギーの必要な「無視」や「嫌い」などの感情を前面にだすのではなく、気楽に「どうでもよい」と思うようにすることです。どうしても付き合う必要のある相手なら、**「好きになれない」や「嫌い」などの積極的な感情をいだかず、あえて一歩引いて「好きにならなければよい」と自分に言い聞かせる**ことを提案します。「どうでもよい」では、社会的な付き合いができないからです。

実は私自身が「嫌い」な上司や「好きになれない」同僚と接するときに、心の中で呪文のように唱えています。避けたり無視したり、嫌いになるなどの有害なエネルギーを燃え立たせることも、もちろん無理に好きになろうと努力する必要もありません。「好きにならなければよい」ことで、相手と気持ちの上で距離がとれて、精神的な余裕が生まれます。ストレスが軽減されるのです。

最初から好きになれないだの、嫌いなどと決めつけず、好きにならなければよいと思い直した相手には、それなりの付き合い方があります。それは、**ときには相手を軽くほめあげ、ときには共感するようにしっかりとうなずく**態度を示して、さっさと切り上げることです。そして必ず笑顔で対処します。すると険悪だった関係も、意外と好転したりするものです。私自身の実体験です。

ポイント

健全な夫婦関係に運動に次いで重要なのが、飲み過ぎ、喫煙、夜更かしなどの悪しき生活習慣や対人関係の衝突などの心身のストレスを見直すことです。そして抗酸化物質を含む食品を毎日摂取することで、過度のストレスを緩和し、夫婦間に心地よい交流を育むことができます。

毎日１杯の味噌汁を私は強く推奨しています。抗酸化物質の他にも優れた栄養学的成分を含む味噌そのものを、ぜひ夫婦協力して自家製で作ってください。味噌汁の美味しさが格段に深まります。

コラム5　エストロゲン類似のポリフェノールを含むコーヒー

女性にがんを含む多くの生活習慣病が少ないのは体内で最強の女性ホルモン・エストロゲンのパワーのお陰です。その中心的な効用が抗酸化作用です。エストロゲン以外にも類似した構造と効用を持つポリフェノールと呼ばれる物質があり、その物質を含む食品のひとつにコーヒーがあります。

日本初のコーヒー体験記は1804年の大田蜀山人（江戸時代中期の文人）によるものだそうです：紅毛船にて「カウヒイ」といふものを勧む、豆を黒く炒りて粉にし、白糖を和したるものなり、焦げくさくして味ふるに堪ず。

200年以上の歳月を経て、違和感なく日本の食生活にしっかり浸透していたコーヒーでしたが、WHOの専門機関が1991年に「発がん性の可能性がある」食品として分類し公表したため、その後は悪者扱いにされていました。ところがコーヒー飲用で肝臓がんや子宮がんのリスクが低下することなどがわかり、2016年には発がん性の証拠なしとして分類が見直されたのです。以後、逆に「摂取すべき食品」として注目され始めています。

海外からは、コーヒーの成分が実験動物の心臓の細胞を保護すること、国内からは、コーヒーを1日3~4杯飲む人は、心臓病、肺の病気や脳卒中などの死亡リスクを軽減すること、コーヒーを1日3杯以上飲む人は、脳腫瘍の発症リスクが低いことなどが次々に報告されているのです。

コーヒーには、もともと眠気や疲労感を除去し、思考力や集中力を増加させる作用が知られていました。呼吸機能や運動機能を高め、皮下脂肪を分解するなどのダイエット効果があり、香りにはアロマ効果だってあるのです。

一方で、興奮して眠れなかったり、腹痛・下痢や頻尿になったりすることもありますので、飲み過ぎなどにはくれぐれもご注意ください。

（4）率先して家事の分担：主夫のススメ

▼妻の不満の根底に「俺の食事、どうなっている？」

家事・育児・介護のどれをとっても、一般に夫の分担率が低いことを繰り返し述べてきました。しかし、長い100年人生の間に、男性も女性もお互いの性役割分担を交代する時期があってしかるべきだと考えています。既に述べた学び直し学習に際しては、少なくとも必要なのです。特に夫が率先して炊事・掃除・洗濯などの家事全般を分担することに大きな意味があります。

一番の理由は、**妻の不満の根底に育児や介護よりも、静かにくすぶっている**からです。最も多い不満は、たとえば前にも述べましたが、**妻が、休日突然外出するようなことになったとき、「俺の食事、どうなっている？」などの言葉に象徴される夫の思いやりのない反応**かもしれません。それに予想もしていない妻との死別の可能性も含め、妻の心身の状態によっては分担しなければならない場合が必ずあります。

さらに重要なことは、**男性自身の今後の健康生活と健全なセックスライフのために**

食生活を含めた生活習慣の改善に目覚めるキッカケになるからです。

ＥＤの多くが、生活習慣病の肥満、高血圧、糖尿病、脳卒中などに加えて、うつ病、前立腺肥大症、男性更年期障害や認知症の病気に関連し、いずれも悪しき生活習慣の見直しでこれらの病気そのものやＥＤの予防や改善も期待できるのです。もし、男性がこれまでほとんど家事を経験していないなら、ちょっとした衝撃をもって新しい経験に感謝できると確信しています。だからこそ申し上げます。ズバリ、主夫のススメです。

▼私のキッカケは単身赴任

私は57歳のとき、20年余りを過ごした四国の大学病院を辞めて、横浜市内の私立病院で働き始めます。患者診療、学生教育や医学研究の大学病院生活から、地域社会に根を下ろした患者中心の臨床医として再出発したい希望があったからです。それには私を認知する場所より、未知の環境が良かったのです。妻は四国の自宅から離れることに同意しませんでした。既に述べているように夫婦愛が冷え込んでいたことが大きな理由です。やむなく私は単身赴任となりました。

別居生活が始まって、予想通り、妻の「ありがたさ」を切実に痛感することになります。

直ぐに洗濯物がたまってしまうのです。使用済みの食器類でシンクが占拠され、風呂、トイレなどの水回りが汚れてきます。部屋も次々にモノでうずまり、部屋の隅には積もり積もったチリの塊がまるで「マリモ」（湖などに生息する球状体の緑色の藻）のように幾つも転がっています。ともかくどこもかしこも片付かないのです。どこから手をつけてよいのか、それが一大事です。重い腰を上げるには、まずはちょっとコーヒー・ブレークから、または、外食で空腹を満たしてから。いや、次の週末にまとめてしよう、なんてことになるわけです。

恥ずかしながら、このころの私は、「医者の不養生」から、食べ過ぎと運動不足の果てに、肥満、脂質異常症（血液中の悪玉コレステロールが正常値を超えていたり、善玉コレステロールが正常値以下だったりしている病気）、高血圧そして糖尿病の典型的生活習慣病患者になりきっていたのです。

一方で、大学病院生活と違い、帰宅時間が早くなっていましたから、毎日、簡単な家計簿をつけ、日記を書きます。そしてその日の文化や健康関連の新聞記事を必ず読むようにし、NHKのラジオ英会話を聞き始めました。当初個々の新聞記事に関連性がなく興味がわかなくとも、次第に日常生活風景の一コマのように慣れ親しんでくるのです。

また、私は2年余りの米国留学経験がありながら、英会話が苦手でした。今さらと思いながらも、やり直しの気持ちだけでラジオ番組を聞き始めたのです。たかが毎日15分の放送ですが、最初のうちは気楽でも、やがて、ずっしりと重く面倒にさえ感じます。こうしたラジオ番組、新聞記事、日記など、**どんなささいなことであっても、毎日決まってすることがあると、次第にそれらを手際よく終えたいと思う**ようになります。

大きな転機は、59歳のときにやってきました。独り身生活で自炊しているのです。できることなら好きな和食を好きなときに作って食べたいとの思いがキッカケでした。さっそく料理教室に通い始めます。糖尿病だからといって、食事のカロリー管理が目的ではなく、あろうことか、好物を飽きるほど食べたい一心の不純な動機だったのです。しかし、不思議なものです。数カ月もすると食事カロリーだけでなく、高血圧にとって大事な食事に含まれる塩分量にも配慮できるようになりました。特に、味噌そのものを自家製として作ったおかげで（前述しましたが、様々な手前味噌の材料セットがインターネットで簡単に入手できます）、**毎日味噌汁を作りたいと思うし、実際も作って食べることが楽しくなっていきました**。当然、他に何を食べようか、何を作ろうか、本当に楽しくなっていくのです。

次第に、炊事に加えて、掃除・洗濯などもすみやかに終わらせることに注意が向くようになります。身軽なフットワークで身辺の雑事をさっさと終わらせないと次の行動に移る心身の余裕が生まれません。

▼単身赴任だからこそ可能だったマラソン

そして、これまで運動とは無縁だった私が、偶然見たTV番組「3カ月でフルマラソン」にいとも簡単に感化されるのです。やはり運動不足を常に負い目に感じていたのですから、当然かもしれません。翌日から、早速ウォーキングを開始しました。マラソンに筋トレや水泳を組み合わせるとより効果が上がるとわかると、筋トレを始め、カナヅチだった私はスイミングスクールにも通い始めます。2カ月もするとジョギングに移り、次第に距離が伸びていきます。10カ月後にはフルマラソンを完走する健康生活へと変貌したのです。

およそ1年が過ぎて、61歳の私の体重は21キログラム減少し、腹囲も22センチメートル減りました。何よりの驚きは、脂質異常症、高血圧に糖尿病も消えたことです。

私の場合、やはり**単身赴任だからこそ、わが身の生活態度を見直すことで実現できた**と思います。私自身が予想もしていなかった経過は、自著『患者だった医師が教える糖尿病が消える「ちょっとした」キッカケ16』（幻冬舎ルネッサンス　2014年）で詳しく述べておりますので気になる方は参考にしてください。

ちなみに67歳になった今がどうなっているかというと、ジョギングも筋トレも止めて、水泳だけを週2回行っています。カナヅチから始まって既に8年近くが経ちますが、クロール、平泳ぎ、背泳ぎ、バタフライの基礎泳法でトータル1キロメートルを泳ぐだけで1時間（もちろん休憩を入れながら）かかるレベルでしかありません。それでも非日常的なプールの中を、楽しいと思いながら練習しています。いつかは30分以上泳ぎ続けられるようになりたいと心から願っています。

▼小ぎれいな身の回りが仕事でも余裕を生む

実際、炊事・掃除・洗濯などの家事全般やその他自分が決めた決まり事をやるようになると、その段取りやら後始末などの手際がよくなり、身の回りはこぎれいになっていきました。多くの場合、心身の状況が良好なら、身の回りが小ぎれいに保たれています。

それは職場にも持ち込まれ、**心身のフットワークをできるだけ軽快にし、気持ちや行動にメリハリをつけたい**と思います。手元にある仕事はともかく素早く片付けたいのです。手近な仕事からさっさと終わらせることで、次の行動への心身の余裕が生まれます。帰宅時間前までには、その日にできる仕事は全て済ませて、翌日に残さないことを原則にします。さらにおススメしたいのは、多方面にアンテナを張って、自分の知らない情報をキャッチしようとすることです。新聞やTVなどのマスメディアやSNSなどから、興味があることばかりでなく、**これまであまり関心のなかったことにも注目してはどうでしょうか**。スポーツでも音楽・芸能関係でも、何かチェックすべきことをノルマにすると、仕事へのストレスが緩和され、**全てにおいて前向きになり、仕事への集中力やモチベーションだって上がる**のです。

そして、既に述べましたが職場での対人関係のストレスから、相手を無視したり嫌いになるのでなく、根底で「好きにならなければよい」と考え直すことです。態度では、相手をときにほめたり、ときに共感や同意を示したりしましょう。人間関係のストレスが軽減して、最悪だった関係もやがて沈静化するはずです。

▼毎日する青竹踏みが心身をリフレッシュ

重ねて言いますが、どんなささいなことでも、毎日するべきことがあるだけで、心身の活性化がはかられます。そんな実例をお話しします。

在宅訪問医療の高齢対象者の中で、日常生活の立ち居振る舞いには比較的不自由しないのに、自室に独り閉じこもりがちで自発的な会話をほとんどしない人がいらっしゃいます。残念なのは、「生きていてもしかたない」などの言葉がときに漏れ聞こえることです。もし、**日々することがあれば、これまでの自分の存在を否定的にとらえる気持ちが薄らぎ、今現在の姿をありのままに受け入れて前向きな気持ちになる**のではと思ったのです。自らの意思で毎日何か決まったことを続ける生活そのものが意義あることを知って欲しかったのです。

そこで、誰もが知っていて、遊び感覚で取り組める青竹踏みを提案することを思いつきました（図13参照）。実際には朝と夕の2回、1回5分前後、青竹踏みを行い、同時に配布した記録表に実施時間を記入してもらったのです。

実際、青竹踏みは血行改善やむくみなどに効用があり、3カ月以上習慣的に取り組んだ対象者には、足の冷え、しびれ感の軽減や糖尿病の改善例まであったのです。青竹踏みだけで糖尿病が改善したわけではありません。記録表への実施時間の記入も含め日々することができて、日常生活全般に意欲的に取り組む姿勢が芽生えたからです。散歩の時間や屋内での歩行距離が増え、口にする食べ物にも注意を払う気持ちが出てきたのです。

青竹踏みを続けられた本当に多くの人が、**活き活きした前向きな気持ちになり、表情まで明るくなる傾向が認められた**のです。

図13　青竹踏みの実際

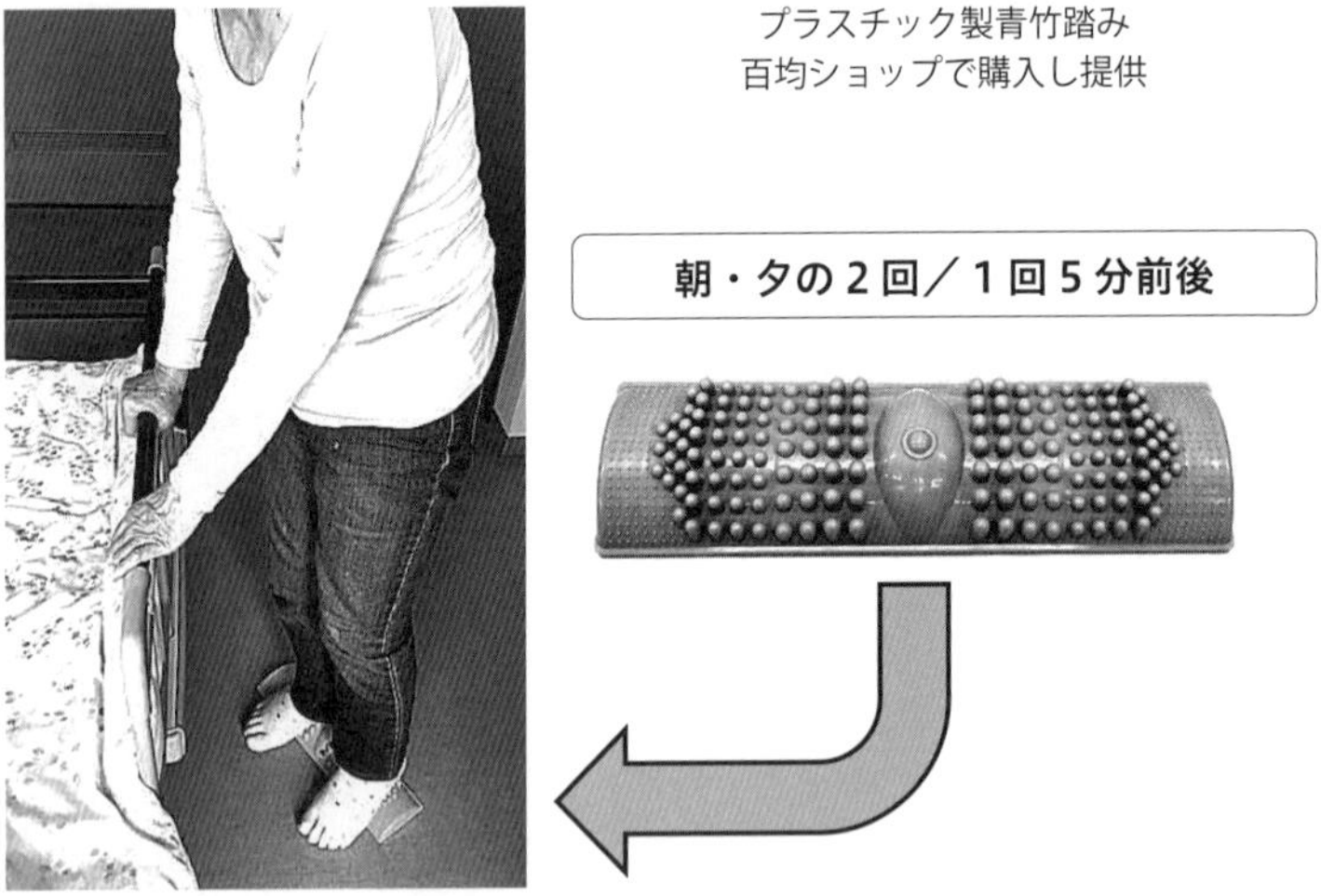

在宅訪問医療の対象者の中で、日常の立ち居振る舞いにはあまり問題がないのに、自室に独り閉じこもりがちな人におススメです。実施時間を記録表に記入することも含め日々することができ、前向きな気持ちを促します。

▼主夫になってコミュニケーション不足解消

もし、夫が食事全般を担う経験をすれば、実際の夫婦関係はどうなるでしょうか。既に少しでも主夫を実践しておられる男性ならおわかりです。夫が妻や家族のために料理を作って提供したのです。自分の料理の出来栄えを聞きたいはずです。だからこそ、**これまでになかった会話が間違いなく生まれます**。男性は、どこまでも自分の行動に対する評価が気になるのですから、全身で妻からの反応を待っています。待つまでもなく自分から語りかけます。あなたのことを熟知する奥様ですから、その点は間髪を入れずしっかりと答えてくれるはずです。しかも奥様なら感謝と労いの言葉もあなたに伝えることを忘れてはいません。食事や身近な話題から、次の話題へとスムーズに移るはずです。

現在も独り身生活の私は、**味噌汁作りを含め、料理時間を30分以内**と決めています。ただ、これまでの最高料理時間4日を費やした正月用の「丹波の黒豆」は忘れられません。妻から最大級の評価を得た記念すべき一品だからです。

まず、10日ほど前より錆びた鉄を探しまわることから始まりました。200グラムの丹波産黒豆を、拾い集めた錆びた鉄や砂糖などとともに1日かけて煮込みます。火を止めて一昼夜、さらに密閉容器に移して3日もすると、見事に黒光りした甘美な黒豆が出来上がります。その味は絶品。妻のあふれんばかりの笑顔にどれほど嬉しい気持ちになって会話がはずんだことか。かつてなかったほどだったのです。

夫婦愛を冷ましてしまう大問題のコミュニケーション不足が解消し始めるのですから、これは本当に素晴らしいことです。

ただし、間違っても**自分の主夫としての役割に「どうだ、やってやったぞ！」などのような態度は絶対に慎まなければいけません**。新たな会話が生まれるどころか、心から感謝される言葉が返ってくることはありません。第一、これまで家事・育児・介護を担当していた奥様が、そんな態度をとるようなことは決してなかったのですから。

前にも述べた職場スタッフでバツイチの裕子さん（33歳）がこんなことを言っていました。

「めったに元夫に頼み事などしなかったのですが、あるとき、帰りが遅くなるので風呂掃除をお願いしたのです。帰宅したら、『やっといてやったぞ』みたいなことを言うじゃないですか。それ、あなたも使うのよ、あなたの仕事でしょ、と思ったものです。もちろん、そんなことは口には出しませんよ。喧嘩になりますから」

私は、確かに別居生活という追い詰められたキッカケでもなければ、身近な炊事・掃除・洗濯などの家事全般を担う主夫を実践できませんでした。

男性の皆さまの中に、まだ主夫の経験がなく、もし単身赴任の機会があれば、どうか積極的に活用してはどうでしょうか。そんな機会がないなら、**奥様と家事の役割分担をぜひ相談**してください。週末だけでも、誕生月や結婚記念月だけの限定でもいいのです。**今までになかった新鮮な感覚で奥様との関係や家事の楽しさや困難さを発見**して、自らの生活習慣さえも見直すことになります。それは私自身の正直な実感であり体験なのです。

ポイント

男性への主夫のススメは、妻の不満の根底に夫の家事負担のなさがくすぶっているからだけではありません。主夫として、家事をスムーズに終わらせることができ始めると、身軽なフットワークが身に付き、職場でも次の行動に移る心身の余裕が生まれます。主夫だからこそ妻との新たなコミュニケーションが始まり、夫婦間の心身のストレスが軽減されていきます。

男性の皆様、思い切って「今日は料理当番します」と宣言してください。

(5) 夫婦喧嘩の根底にある感情を見つめ直す

▼「犬も食わない夫婦喧嘩」の奥底に潜む感情

本書では、夫婦関係の信頼や満足を損なう元凶として、夫婦間のコミュニケーション不足やセックスレス、そして家事・育児・介護の分担不足の2点を集中的に取り上げ、それが熟年離婚の重要な要因であると述べてきました。一方で、夫婦喧嘩も今述べた要因が根底にあるからこそ、日々のささやかな出来事に触発されて感情が爆発するものだと説明してきました。

古来「夫婦喧嘩は犬も食わない」と表現され、取るに足らないことが原因で、一過性で終わるため、他人が仲裁する必要がないとの意味で使われています。

たとえば、外で待ち合わせていた夫が「約束の時間に遅れた」と妻を叱責したとしましょう。もし妻が「私だって忙しかったのよ。あなたはいつも自分の都合ばかりで、私の都合など聞き入れてくれない」と反論すれば、たいていの夫は、妻との口論を避け、それ以上の発言ができません。妻の方は、沈黙してしまった夫に、一度高ぶった感情を処理できず、さらに何か言い募るかもしれません。

実は、数日前、いつ帰るかわからない夫が深夜に帰宅して、食事の準備がないことで妻と喧嘩していたのです。今回の待ち合わせはそのうめあわせとして夫が提案した外食でした。夫婦にとっては久しぶりのイベントです。お互いが心待ちにしていました。夫は不安な思いで待っていたのに、笑顔で近づいてきた妻に、意に反してとんでもない言葉がついて出たのです。そして、その言葉に対抗するように妻も強い口調で言い返してしまったのです。

また、急いで帰宅した妻が、のんびりＴＶを見ている夫に「洗濯物を取り込んでない」と注意したとしましょう。実際外は雨が降っています。雨や洗濯物の存在が全く念頭になく、夫はただ空腹で妻の帰りを待っていたのです。もう言い返す言葉もなく、ぶ然として黙っているしかありません。妻は、夫が家事を全く手伝ってくれないことを半ばあきらめていました。ときに洗濯物を取り込んで欲しいと依頼しますが、その点今回は伝えてはいなかったのです。もし夫が自発的に実行していたら、どれほど嬉しかったことでしょう。その気持ちの落差が非難的な言葉となって表れたのです。険しい表情で夫の前を行き来する妻を、夫はどう思ったでしょうか。雨降りに洗濯物に気付かない自分を反省し、これまでの妻への感謝の気持ちを伝えようとしたかもしれません。ただ、険しい妻の顔を見れば、気持ちが萎縮し言葉が出てきません。夫が悪いのは間違いないのですから。

確かに、**夫婦喧嘩は、一過性の感情の爆発**であることが多いのです。しかし、夫婦喧嘩も度重なれば、互いに反目して、ただでさえ良好といえない夫婦関係をさらにおとしめ、コミュニケーション不足や家事・育児・介護の分担不足がますます悪化するようなことになるかもしれません。そのような事態は避けなくてはいけないのです。

▼夫婦喧嘩は「受け入れてくれない」苛立ちと「かまってくれない」寂しさの現れ

前にも述べましたが、夫婦関係とは、感情論的に定義すれば「**私のために一緒にいてくれる?**」**の呼びかけに「いいよ」と応えてくれる関係**だと思います。夫婦関係の不満も喧嘩の原因も、この定義に基づいて考えれば、もっと簡単に「自分の存在を受け入れてくれない」ことへの苛立ちであり、「かまってくれない」ことへの寂しさと言えるのです。

ですから、**夫婦喧嘩はそうした苛立ちや寂しさの感情が、必ず、どちらかの心の中に堆積している結果**だといえます。

ただ、大変わかりにくいことに、夫婦喧嘩が始まってしまうと、そうした奥底に堆積した気持ちが言葉として表面に出ることがないのです。**お互いが現実の出来事に取りつかれて、心の奥底に積もった感情を自覚できない**のです。ましてや、**相手の心の苛立ちや寂しさを思いやる余裕すらありません**。

先の夫婦喧嘩の例で説明し直してみましょう。

最初に「約束の時間に遅れた」と妻を叱責した夫は、帰宅の遅い自分にいつも穏やかに対応してくれる聡明な妻に口には出しませんが感謝しています。だからこそ勝手気ままなこんな自分をいつまで優しくかまってくれるのか、心のどこかで不安をいだいています。その不安が的中したような数日前の深夜帰宅時の喧嘩だったのです。一度芽生えた不安はなかなか消えません。待ち合わせ時間に遅れ、詫びるような表情ではなく、笑顔の妻を見て、自分が見放されている気がしたのかもしれません。男性の矜持でもあったのです。

妻としては、いつも帰りの遅い夫に「自分の存在を受け入れてくれない」苛立ちや「かまってくれない」寂しさを感じていたのです。喧嘩で強い口調になるのも、夫がどんどん離れていくように思えるからです。相手が沈黙すればなおさら向かっていくのです。そして、久しぶりのデートに遅れた申し訳なさより喜びが勝って笑顔になっただけでした。

次に「洗濯物を取り込んでない」と夫に注意した妻は、家事全般の全てを取り仕切ってきた自分をいつかは夫に認めて欲しいのです。感謝や労いどころか、全く関心がないような態度にどこか苛立ちと寂しさがあったのです。注意された夫は少し怒ってぶ然としているのです。夫に何か言うべきかもしれませんが、今の妻にはまるで無視された苛立ちしかありません。

一方の夫は、妻の言葉で、今回もダメな夫を証明する結果になったと感じています。確かに食事や身の回りのことを何ひとつ自分でできません。全て妻任せで、何かにつけ妻のダメ出しがあるのです。そのため、感謝の気持ちを伝えたい思いも萎えてしまうのですが、もし、妻が自分の態度で傷ついているとわかっていれば、心より謝りたいと思っています。

やはり「犬も食わない」ことが多いのです。**夫婦喧嘩の悪循環のキッカケは、お互いが自分の存在を認めて欲しいとか、かまって欲しいという夫婦関係の根幹にある不満感情そのもの**です。そして、日々のささやかな出来事に触発されてそうした感情が爆発し、夫婦喧嘩が繰り返されるのです。

爆発した感情を鎮める時間が必要です。一**晩寝て、ゆっくり振り返るべき**です。自分や相手の感情の動きを、距離をとって少し遠くから、お互いの全体像を眺めてみませんか。夫婦関係の根幹にあるそうした感情が理解できれば、**離婚危機のキッカケを遠ざけることができる**のです。

ポイント

夫の「約束の時間に遅れた」と、妻の「洗濯物を取り込んでいない」の心の奥底には表には出ない夫婦間の不満が隠れています。それが喧嘩のキッカケとなる感情は、「自分の存在を受け入れてくれない」苛立ちであり、「かまってくれない」寂しさです。一旦爆発した感情は鎮まるまで待つのが最善の方法です。

一晩寝て翌朝、夫も妻も「悪かった」と言えればベスト。たとえ言葉にならなくても思うだけで夫婦関係は改善に向かうキッカケになります。

(6) コミュニケーションのための映画鑑賞とカップル・マッサージ

▼パートナーを連れ出すことが会話の第一歩

4日も費やして私が作った甘美な「丹波の黒豆」を、妻と食べながら、私たち夫婦の会話がかつてないほどにはずんだことを前にお伝えしました。ただ、その前段階として、既に私は、イベントやアトラクションなどへの参加目的で妻を連れ出すことに成功していました。映画、芝居、展覧会などからカラオケやスキーもありましたが、結局、寄席が一番私たち夫婦にスッキリと馴染み、楽しく会話もできたのです。一方でスキーはダメでしたね。お互いの趣味、嗜好が違うのですから当然でした。

コミュニケーション不足に陥った熟年夫婦にとって、**慣れ親しんだ家庭環境からともかく一度は離れてみることがキッカケ**になるはずです。まずはパートナーを外へ連れ出しましょう。

もし、その口実を決めかねているなら、どうでしょうか、陳腐ではありますがともかく映画鑑賞がおススメです。

なんと、映画鑑賞が新婚夫婦の離婚率を半減させると発表されています（２０１４年）。米国のある大学の研究によれば、結婚後3年以内の夫婦が、『風と共に去りぬ』などのラブストーリー映画を月５本、３年間鑑賞し続けると、何もしなかった比較対象カップルの離婚・別居率が24パーセントもあったのに対して、映画鑑賞を継続した夫婦では11パーセントと半減以下にまで改善したというのです。

映画のストーリーで二人がそれぞれに疑似体験をして、夫婦関係を見つめ直すキッカケになったことが最大の要因です。これは、熟年夫婦にも有効です。会話が少なくなった夫婦にとって、**普段とは異なる空間で、肌が触れ合うほどの距離で2時間ほどを過ごす**のです。ささやかではあっても十分な打開策の第一歩となります。

▼肩こり・腰痛のカップル・マッサージのススメ

連れ出すことに成功すれば、次にセックスを含むスキンシップや会話を大きく回復するキッカケになる即効性のアイデアをお話しします。それこそがカップル・マッサージです。

マッサージは「手当て」を意味します。**パートナーを思いやり、優しく触れ合うことで相手も本人もいやされ、言葉以上のコミュニケーション力を発揮**するのです。

特に、**パートナーがセックスする気にならないカップルにとっては、極めて有効な処方箋**になります。最初は、次のように軽く呼びかけることから始めます。男性からでも、女性からでも、どちらもＯＫです。

「疲れているみたいだね。肩や腰のマッサージをしてあげるよ」

「最近、パソコンでデスクワークが増えていない？　肩や腰のマッサージをしてあげましょうか？」などと自分からさりげなく誘っていいのです。

座りっぱなしや立ちっぱなし、あるいは緊張した1日を過ごした後、誰もが背中や腰まわりが張ってしまいます。なんと、日本人が訴える体調不良の症状の中で、女性の第1位が肩こりで男性の第1位が腰痛なのですから驚きです。

特に肩こりや腰痛が多い原因は、長時間の事務やパソコンの作業に、スマホや携帯電話の操作で背中が丸まって猫背になる傾向があるからです。本来反り返るようにカーブしている背中の骨がまっすぐに変形してしまうのですから、肩こりや腰痛が起こらない人などいないのです。自分では触れることができない腰背部だけにマッサージは喜ばれます。

そして、**マッサージをしながら、ともかく聞き役に徹してください**。たとえあなたに話したいことがあったとしても、ここは我慢です。疲れたパートナーの心身をいやすマッサージは、相手のストレスを少しでも和らげることを優先し、相手が喋り出すのを待ちましょう。二度、三度とマッサージを続けていけば、やがてあなたの気持がパートナーの体内に響き始め、言葉のキャッチボールも可能になります。

具体的な肩こり・腰痛のためのカップル・マッサージ方法を説明します。

①パートナーに肩の力を抜いて椅子に座ってもらいます。あなたは背後に立って、片方の手のひらを首周り、左右の肩にあてて（他方の手は、反対側や近傍などに置きます）、自分の手と相手の皮膚をなじませるようにゆっくりと前後左右

にさすります。決して無理にほぐそうと強い力を入れてはいけません。
②首筋から肩先まで、片方の手で筋肉を優しくつまみあげるようにして持ち上げます。このとき、他方の手は、前頭部を支えます。左右の肩の後ろ側の筋肉に両手で同様の操作を行います。
③ツボは、押さえると痛いけれど気持ちよく、刺激するとリラックスや活力などの優れた効果を与える場所です。一般には身体の中の少し凹んだ部位が該当します。
筋肉がほぐれたタイミングで、ツボの風池《ふうち》（耳の後ろの骨から指2本分内側で左右2カ所）や左右の肩井《けんせい》（首の付け根と肩の外側のふちの中央のくぼみの中）を親指で徐々に力を強くしながら押していきます（強さのマックスは、パートナーが痛がる直前まで）。約5秒間押し続けて、ゆっくり力を抜きます。これを3回繰り返します。
④肩の仕上げは、おにぎりを作るように両手を握り、その合わせた手で左右の肩をトントンたたきます。適度な強さでリズミカルに行います。
⑤次に、パートナーに力を抜いてうつぶせに寝てもらいます。あなたは左右の手

のひらを直角に交差させて、パートナーの腰にあてます。筋肉を優しくほぐすようにゆっくりと前後左右にさすります。腰の左右両側を同様に行いながら、腰から少しずつ背骨にそって背中をあがっていきます。首まできたら、また通ってきた場所をそのまま腰まで戻ります。2度目の場所には、最初より少し強い力を身体に対して垂直に加えながら行います。

さらに、お尻、太もも、ふくらはぎも同様の操作を行います。

⑥パートナーの片側から、両手で背中の筋肉をしっかりつかんで引くようにしたり、はじくようにしたりして筋肉をほぐします。この際、痛がる人が多いので、力加減に注意します。他方の側からも、同様の操作を行います。

⑦筋肉がほぐれたタイミングで、ツボの命門《めいもん》（両ひじを結ぶ直線上で、おへその真裏）、左右の腎兪《じんゆ》（命門から指2本分外側で左右2カ所）と志室《ししつ》（腎兪からさらに指2本分外側で左右2カ所）を親指で徐々に力を強くしながら押していきます。約5秒間押し続けて、ゆっくり力を抜きます。これを3回繰り返します。なお、男性にとって命門刺激は、勃起機能を回復する効果が期待できます。

⑧仕上げは、まるめた手のひらを左右交互に使って、腰背部全体をトントンたた

きます。適度な強さでリズミカルに行います。

ここまで述べてくると、なんだか難しそうに思うかもしれませんが、実際、やってみると意外と簡単です。慣れるにつれ、自分なりの工夫が加わり、楽しくなります。間違いありませんので、まずはゆっくり優しく始めてください。

▼アロマオイルで官能的カップル・マッサージ

カップル・マッサージを何度か試して、パートナーが好意的に受け入れるようになってくれれば、しめたものです。セックス復権のさらなるチャンス到来です。その頃には言葉のキャッチボールも可能になり始めているはずです。ぜひ、「今日1日頑張ったプレゼント」と称して、アロマオイルを使った官能的なマッサージに挑戦しましょう。

アロマオイルには、本来、ストレスを和らげて心身をいやす優れた効果があります。さらにイランイラン、サンダルウッド、パチュリー、ジャスミン、ローズに代表されるアロマオイルは、性的興奮を高める作用をもつとして有名で、香りだけで官能的な気分にさせてくれる効果があります。

購入したアロマオイルの原液（エッセンシャルオイル）をそのまま使用してはいけません。皮膚には刺激が強すぎるからです。希釈用のオイル（ベースオイル）で100倍以上に薄めます。たとえば、30ミリリットルのベースオイルにエッセンシャルオイル6滴が希釈の目安です。

数滴のアロマオイルしか含まないベースオイル（マッサージオイルとして使用）でも、性器周辺や目の周りの粘膜面や乳幼児などの過敏な皮膚への使用は避けてください。そして、マッサージオイルとして使用する前に、敏感肌やアレルギー体質でないことを確認しておく必要があります。調整したマッサージオイルを腕の内側の柔らかい皮膚に一滴塗り、1日放置して皮膚のアレルギーテストを行います。

何も異常が出なければ大丈夫です。仮に皮膚に赤みやかゆみが出た場合（その部分は水で洗い流します）は、マッサージに使用できません。

アロマオイルの官能的マッサージは、ぜひ、入浴後に行ってください。入浴後は気分的にリラックスして、血行も良好だからです。照明を少し暗くし、心地よい音楽を流します。室温は暑すぎず、寒すぎない適温に調節します。

マッサージオイルを適量手のひらにとります。前項で述べた「肩こり・腰痛のカップル・マッサージ」の手順①で、椅子に座ったパートナーの肩や首周りの皮膚になじませるように、前後左右にさすりながらオイルを薄くのばします。その後は、いつも通りのマッサージを続けます。そして手順⑤で、再びマッサージオイルの適量を手のひらにとります。うつぶせのパートナーに対して、左右の手のひらを直角に交差させて、腰から肩、そしてお尻、太もも、ふくらはぎの皮膚になじませるように前後左右にさすりながらオイルを薄くのばしていきます。手のオイルがなくなればその都度追加します。その後は、いつも通り、しっかりとマッサージを続けてください。

なお、マッサージの後は、一晩じっくりとアロマオイルを皮膚になじませます。香り効果が肌に浸透するには30分以上かかり、その後、血中に最長で8時間程度とどまります。効果を最大限引き出すためには、マッサージ直後はシャワーなどを浴びないほうがよいですが、ベタつきが気になる場合はタオルで軽くふきとるようにしましょう。

アロマオイルでカップル・マッサージができるようになったあなたなら、もう夫婦愛の最大危機がどうのこうのと言う必要さえないはずです。最高のコミュニケーションであるセックスを実践してください。

なお、カップル・マッサージを含む詳細は自著『老いない性ライフ　2つの重要なホルモンで活き活き』（西村書店　2017年）で述べておりますので、ぜひ参考にしてください。

ポイント

夫婦間のコミュニケーション不足には、やはりパートナーと一緒に映画を見ることが一番取り組みやすい対策です。お互いの映画嗜好を確認すること自体が会話のキッカケになります。そして何度か連れ出す中で、映画の後などにレストラン、公園、あるいはアミューズメントスポットなど、それまで行ったことがなかったような場所にもぜひ足を運んでください。

コラム６　恋の吊り橋理論

１９７４年カナダで発表された有名な「恋の吊り橋理論」を紹介します。普通でも、たとえば魅力的な異性に出会うとドキドキして、「これって恋？」と錯覚することがありますよね。このドキドキ感を作り出して、「恋」への間違った誘導も可能であることを証明したものです。実験には、18歳から35歳までの独身男性をカナダ・バンクーバーにあるキャピラノ吊り橋（川からの高さ70メートル）を渡るグループと、普通の揺れない橋を渡るグループに分けます。橋の中央で両グループとも同じ女性実験者が「心理学の研究に協力して欲しい」と声をかけます。ダミーの心理テストを実施し、「結果に興味があるなら後日電話ください」と電話番号を渡します。電話番号を受け取った男性が、吊り橋グループ18名、揺れない橋グループ16名で、この中で電話を掛けた男性が、吊り橋グループ９名（50％）、揺れない橋グループ２名（13％）だったのです。

男性が吊り橋を渡ることで緊張や興奮の心身の状況が生まれ、自分が「恋をしたからドキドキする」と錯覚した可能性があります。その結果、女性に電話をかけやすくなったと考えられています。

この「恋の吊り橋理論」は一般に男性に当てはまる確率が高いのです。かつて山野を駆けまわって、緊張・興奮状態で獲得した獲物が、男性にとっての至福の極みであったように、緊張状態や興奮状態が至福の瞬間をあたかも予見しているからです。

だとすれば、ドキドキ感を恋と勘違いするような状況を作り出せれば、友人以上の関係を望む異性に、有効な突破口のひとつになるかもしれません。映画ならラブストーリーよりサスペンスやホラーが、遊園地なら幽霊屋敷や絶叫系マシンなどの刺激の強いアトラクションがいいでしょうし、自分の得意なスポーツを一緒にするのも心拍数が上がって、効果がありそうです。ただし、女性が男性に恋愛感情を今以上に期待する場合が特におススメになります。一方で、会話の少なくなった夫婦なら本文で述べたようにラブストーリー映画が良いようですが。

（7）自分と真摯に向き合い、周囲との対等な人付き合い

▼社会的孤立を遠ざける人付き合いのススメ

親しい友人のいない社会的孤独が、医学的には肥満、高血圧、糖尿病、喫煙による肺の病気やアルコール依存症などの生活習慣病に匹敵するかそれ以上の健康被害を招くことは既にお話しした通りです。しかし一方で、男女ともにもっとも健康で長生きできるのは、陽気で社交的な人ではなく、自己コントロールができて真面目に努力する人なのです。そう、**日本人が敬愛してやまない孤独に耐えて心身を鍛錬する武者修行者や行脚僧に重なる「孤高」のイメージ**でもあります。

既に何でも話せる複数の友人がおられるなら、社会的に孤立することはなく、周囲との信頼感・連帯感や個人の満足感・幸福感を充足できているはずです。夫婦にとっても独りよがりに陥ることもなく、これからの夫婦生活にとっても有効な人間関係になるはずです。そして、食べ過ぎ・運動不足・飲み過ぎ・喫煙・夜更かしなどの悪し

き生活習慣を見直し、抗酸化物質を含む食品を毎日摂取することで、健康な100年人生をおくれる可能性が高まります。その上で積極的にパートナーを家の外に連れ出してください。家の中では、主夫を実践し、カップル・マッサージを夫婦で行えるなら、夫婦間のコミュニケーションやスキンシップ・セックスの不足が緩和され、夫婦の不満は解消に向かいます（図14参照）。

ところが、悲しいかな**日本男性は世界一孤独**です。そう簡単に親しい友人が作れないのです。まさに私自身がそうなのですから、「何でも話せる友人」を作りなさいとは言える立場にありません。だからこそ修行者のごとく自分自身と真摯に向き合って、悪しき生活習慣に陥らない努力が不可欠となります。一般に日本女性も、世界基準からは男性同様に人付き合いが少ないことで知られていますが、少なくとも男性よりは明らかにコミュニケーション能力に優れ、交友関係が広いのです。ここは奥様に指導をお願いして、まずは隣近所との付き合いを習慣化し、社会的に孤立しないようにしなくてはいけません。

もちろん、町内会・自治会だけではありません。職場、スポーツ・娯楽・趣味の集

図14　夫婦問題の解決

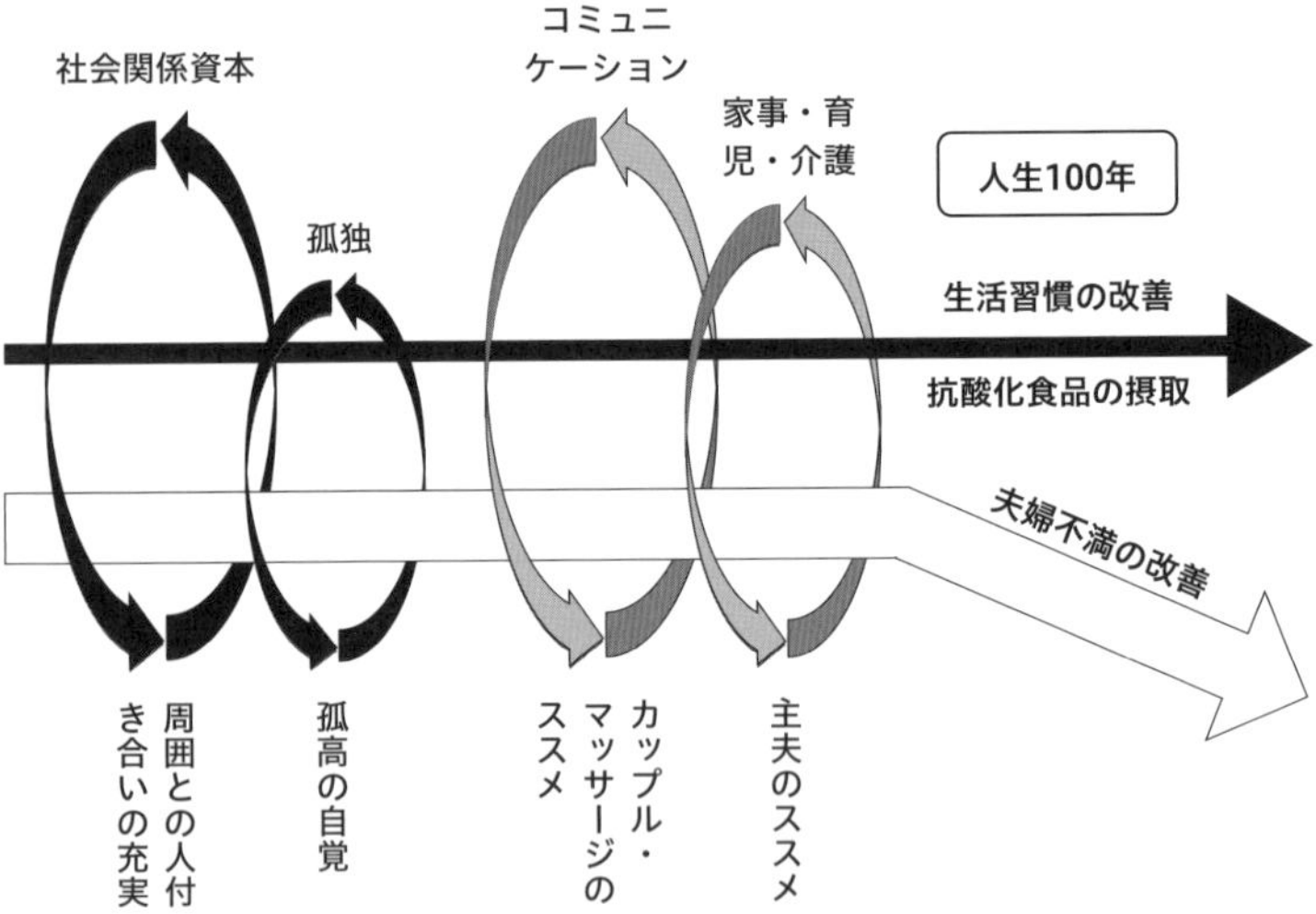

健康な 100 年人生のために生活習慣を見直し、抗酸化食品を摂取。夫は積極的に家事を分担することで心身の余裕が生まれ、新たな会話が始まります。カップル・マッサージがさらにスキンシップ・セックス不足を解消。真摯に孤高と向き合いながらも、スポーツ・娯楽・趣味などの周囲との人付き合いが充実すれば、夫婦不満の改善が促進されます。

まりに、ボランティア、NPO、市民活動などを含む周囲とのいわば対等な人付き合いに関わるどんな活動でも良いのです。もしまだ、男性も女性も、そのような活動に関わりがないなら、ぜひ「**生きがい**」**という目標を掲げて、積極的に関わる対象を見つけましょう**。もちろん、大そうに構えて考える必要はありません。軽快な心身のフットワークを続けながら、多方面にアンテナを張ってさえいれば、早晩、予想もしなかった活動対象に遭遇するのではないでしょうか。たとえどんな対象でも周囲とのつながりがあれば、夫婦不満の状況を冷静に認識でき、緩和する有効な手助けになる可能性があります。

▼職場や同窓会などの交流から意外な人付き合いがあるかも

私の場合は、前述したように運動不足と食べ過ぎから、肥満、高血圧、糖尿病の生活習慣病になり、マラソンに挑戦したことがそもそもの始まりでした。このためスポーツが人付き合いに関わる活動の対象になったのです。その際、マラソンに有効だと知って同時に始めた水泳が、今現在も続いていて、平日に週1回のスイミングスクールと週末に1回の自由練習の水泳がしっかり残りました。残念ながらフルマラソン挑戦は、私には負担が大きかったようで2度の大会参加だけで終わっていますそれでも水泳に出会えた運命を、今は感謝しています。

ただ、人付き合いの苦手な私は、スイミングスクールでも「何でも話せる友人」を作ることはできません。それでも職場から直行する平日の1時間のレッスンは仕事や日常のことは全て忘れて取り組めています。なかなか上手にはなりませんが、終わった後の心地よさと充実感があります。何より、**生活そのものにメリハリがつき、レッスン仲間や指導コーチとのほのかな連帯感だって私を幸せな気持ちにさせてくれています**。これからも続けていきたいと思っています。

もちろん、仕事をしているなら、**職場仲間との交流は極めて有意義なもの**となります。確かに私はいまだに職場内で親密な人間関係を築けず、お酒も飲めませんので(飲み会の雰囲気は好きなのですが)、同僚を積極的に飲みに誘うこともなく、形式的な交流にとどまっています。しかしあるとき、職場仲間の会合に参加して、アトラクションで出演したプロのシャンソン歌手の実演に新鮮な興奮を覚えたのです。それから1年近くは、そのミュージシャンを追っかけて、月に1、2回くらいでしょうか、東京都内の幾つかのシャンソニエ（シャンソンのライブハウス）などに喜々として出かけました。これまでピアノの生演奏を間近で体験すること自体がなかったし、ましてやシャンソンなるものに接する機会は皆無でした。ただ、次第に足が遠のいてしまいましたが、一方で私自身が今もって信じられないような気持になったのです。そう、演奏を視聴する側でなく、表現する側にいたいと突然に思い立ったことです。60代も後半になって初めてピアノ練習を始めました。楽器経験はありません。今は独学ですが、そのうち習いに行こうかと考えています。当然ながら思うように指が動きません。それでもなんだか楽しいのです。

また、SNSでは、高校や大学の大勢の同窓生とつながっています。その大半が過去に面識などありません。それでもアップされる写真付きの情報などを見ていると、いつの間にか身近で会話しているような親しみを覚えるものです。絵画の好きな私と同様な趣味（またはプロ）の同窓生を発見したりすると発信情報が気になったりします。そこで同窓会などの公示を見るにつけ、いつか参加したいと思うのです。そこで新たな人間関係が広がる可能性があります。**人付き合いの乏しい私のような男性に**

とって、同窓会は比較的参加しやすい対象なのです。

そうそう、最近、プロサッカーチーム・サガン鳥栖《トス》のにわかファンになりました。私は取り立ててサッカーが好きなわけではありません。2018年夏、大変失礼な表現かもしれませんが、J1チーム本拠地で最も人口の少ない佐賀県鳥栖市のサガン鳥栖に、元スペイン代表FWトーレスさん（当時34歳）が加入してからです。世界的に有名なストライカーで美男子なのに、とてもシャイ（に見えました）。サッカーを始めたキッカケがサッカー漫画『キャプテン翼』で、大空翼のファンでもあると聞いて、大いに気になったわけです。チームはJ1残留争いの真っただ中でしたから、毎試合の結果を確認しているうちに、いつの間にかサガン鳥栖ファンになっていました。トーレスさんはJ1残留となったサガン鳥栖で2019年の8月までプレーし、同月引退しました。引退後もチームの選手育成などをサポートすると表明。私もチームの応援を続けたいと思っています。

特に私のように、妻以外に気の置けない会話のできる話し相手がいない場合、家庭を離れた職場や職場以外で気楽な交流ができるなら、それはとてもありがたいことになります。

なぜなら、どんな熟年カップルにも言えることですが、**パートナーだけと向き合う日常生活にちょっとしたメリハリが付いて、より新鮮な気持ちになれる**からです。さらに、たとえば**パートナーとのささいな意見の衝突や緊張感をも、二人だけの世界のなかで性急に評価などを下そうとせず、一歩引いて、パートナーとの関係を見直す時間が作れる可能性がある**からです。

ポイント

親しい友人がいなくても、男女ともに修行者のごとく自らと真摯に向き合い、スポーツ・娯楽・趣味の集まりなどに参加して対等な人付き合いができれば、あなたと周囲、さらにはあなたとパートナーとの連帯感・信頼感、そして満足感・幸福感を充足できるようになります。

どうか皆様、生きがいを求めて、どんな集まりでも良いのです、対等な交流のできる場所を見つけてください。

（8）穏やかに会話ができるようになった元夫との再会

本書の冒頭部分で、熟年離婚した夫婦をご紹介しましたが、覚えておられるでしょうか。24歳のときに7歳年上の上司と職場結婚した奈津子さんは、その後も実質25年にわたってフルタイムの仕事を続けたのです。しかし、夫婦に会話がなく、元夫は家事が行き届いていないと怒鳴り、妻の口答えに激怒するモラハラ人間で、次第に暴力をふるうようになったのです。奈津子さん59歳（夫66歳）のとき、まさに結婚生活35年目に離婚が成立しました。

それから5年たった現在、医療業務管理士の資格を得て医療機関で働く奈津子さん（64歳）は、嫁いだ一人娘から連絡を受けます。現在71歳の父（元夫）から、近況を知らせる手紙が突然舞い込んで、もし近所に立ち寄るようなことがあれば、ぜひ顔を見せてくれという内容だったのです。行ってみると、身体が少し弱っているようだから、お母さんも会いに行って欲しいとの依頼でした。

久しぶりに会う元夫は、無愛想で見下すような目つきがすっかり消え、日焼けした穏やかな表情で出迎えてくれました。

独り身生活になって、しばらくして会社勤めを辞めました。年金暮らしをするようになった頃から、足腰が弱くなったし、外出もせず、閉じこもっていたのです。ところが、かつての会社の同僚が近所で広い畑を所有していて、その同僚が誘ってくれて、畑仕事を手伝うようになりました。ジャガイモ、白菜、ニンジンやトマトなんかも作って、一部を持ち帰らせてもらっています。さらに同じように畑仕事をする仲間との交流の輪が広がって、人付き合いのほとんどなかった会社時代が嘘のように、交流を楽しんでいるのです。おかげで野菜などは自給自足に近い生活ができ、しっかり足腰も踏ん張れるようになりました。今、カレーライスを作ったところだから、どうだろうか、一緒に食べてくれないか?

娘は嘘を言いました。様変わりした元夫がかつてのパートナーに会いたい旨を伝え、それを娘が了承したからです。もちろん、人はそうやすやすと変われるものではありません。それでも彼は、言葉を尽くし、過去の自らの態度を謝り、そして近況を語りました。食事の用意も過去になかったことです。一緒に食べたカレーライスは美味しかった。今度は、奈津子さんが元夫を食事に招待してもいいと思うようになっています。もしかしたら、こんな交流関係がもう少し続くかもしれないし、続かないかもしれない。まだまだ人生は長い。結論を急ぐ必要はない。

元夫は、身近に優れた社会関係資本を見出し、見事に活用できたのです。これまでになかった対等な人付き合いを通して、周囲との人間関係において連帯感・信頼感を獲得できたはずです。そして自らと真摯に向き合い、「社会的孤立」を乗り越えたのです。ストレスの多い生活習慣を改善し、彼自身の中に満足感・幸福感まで充足できていったのではないでしょうか。

彼にとっては「離婚」という劇的な環境変化があったからこそできた人生変革でした。皆様には、できることなら、こんな事態になる前に、どうか夫婦関係を見直し、自分自身を客観的に見つめ直して欲しいのです。

なお、「畑仕事」について一言付け加えておきます。古くから土いじりが、心身のストレスを和らげることが知られています。最近になり、土壌に生息する細菌からストレスを緩和する新たな物質が同定されたというのです（スミスDG、他、Psychopharmacology、２０１９年）。ベランダ菜園も含め、土いじりで皆様が日頃感じているあの幸せな気持ちが科学的にも証明されたことになりますね。

私たち夫婦の別居生活も11年目になりました。奈津子さん夫婦のように三くだり半を突き付けられないようにしたいと心から願っています。私も変わらなくてはいけないのです。

ポイント

モラハラで暴力まで振るう夫と熟年離婚した女性が、5年ぶりに元夫と再会しました。離婚後引きこもっていた彼は、畑仕事を手伝ううちに周囲との連帯感と自らの充足感などを持てるようになり、過去になかった穏やかな会話と手料理の提供ができるようになりました。

畑仕事を通して周囲との対等な人付き合いができたことがとても良かったのです。社会的孤立から脱して、心身の幸福感などが、彼自身を変えたからです。皆様も、私も変わる必要があります。

【主要文献】（引用順）

1. グラットン L、スコット A（池村千秋訳）『LIFE SHIFT 100年時代の人生戦略』東洋経済新報社 2016
2. ボルマンス L（鈴木晶訳）『世界の学者が語る「愛」』西村書店 2017
3. Holt-Lunstad J, et al.: Social relationship and mortality risk. A meta-analytic review. PLoS Medicine 7: e1000316, 2010.
4. 岡本純子『世界一孤独な日本のオジサン』角川新書 2018
5. フリードマン HS、マーティン LR（桜田直美訳）『長寿と性格 なぜ、あの人は長生きなのか』清流出版 2012
6. パットナム RD（河田潤一訳）『哲学する民主主義 伝統と改革の市民的構造』NTT出版 2001
7. 稲葉陽二『ソーシャル・キャピタル入門 孤立から絆へ』中公新書 2011
8. NHKスペシャル取材班『やせる！若返る！病気を防ぐ！ 腸内フローラ10の真実』主婦と生活社 2015
9. ジョンソン S（白根伊登恵訳、岩壁茂監修）『私をギュッと抱きしめて―愛を取り戻す七つの会話』金剛出版 2014
10. ボルマンス L（猪口孝監訳）『世界の学者が語る「幸福」』西村書店 2016
11. 「人生100年時代完走のための再学習 学び直し編」週刊東洋経済 2月24日号
12. 清水一郎『老いない美人 女性ホルモンできれいになる！』西村書店 2016
13. Haendeler J, et al.: CDKN1B/p27 is localized in mitochondria and improves respiration-dependent processes in the cardiovascular system-new mode of action for caffeine. PLoS Biol 16: e2004408, 2018.
14. Saito E, et al.: Association of coffee intake with total and cause-specific mortality in a Japanese population: the Japan Public Health Center-based Prospective Study. Am J Clin Nutr 101: 1029, 2015.
15. Ogawa T, et al.: Coffee and green tea consumption in relation to brain tumor risk in a Japanese population. Int J Cancer 139: 2714, 2016.
16. 清水一郎『患者だった医師が教える糖尿病が消える「ちょっとした」キッカケ16』幻冬舎ルネッサンス 2014
17. 清水一郎『老いない性ライフ 2つの重要なホルモンで活き活き』西村書店 2017

【著者プロフィール】

清水一郎（しみず いちろう）

医学博士。性差医療専門医。1952 年大阪府生まれ。愛媛大学医学部卒業。
米国ペンシルバニア大学医学部博士研究員、徳島大学大学院消化器内科准教授、聖隷横浜病院消化器内科部長などを経て、現在、おひさまクリニックセンター北院長。1998 年日本消化器病学会奨励賞、1999 年 Liver Forum in Kyoto 研究奨励賞を受賞。著書に、『女性肝臓学入門』『老いない美人　女性ホルモンできれいになる!』『老いない性ライフ　２つの重要なホルモンで活き活き』（以上、西村書店）、『患者だった医師が教える糖尿病が消える「ちょっとした」キッカケ 16』（幻冬舎ルネッサンス）などがある。

ストップ the 熟年離婚《じゅくねんりこん》

2020年1月20日　第1刷発行

著　者　　　清水一郎
発行人　　　久保田貴幸

発行元　　　株式会社 幻冬舎メディアコンサルティング
〒151-0051　東京都渋谷区千駄ヶ谷4-9-7
電話　03-5411-6440（編集）

発売元　　　株式会社 幻冬舎
〒151-0051　東京都渋谷区千駄ヶ谷4-9-7
電話　03-5411-6222（営業）

印刷・製本　シナジーコミュニケーションズ株式会社
装　丁　　　株式会社 幻冬舎デザインプロ

検印廃止

ISBN 978-4-344-92548-9　C0030
幻冬舎メディアコンサルティングＨＰ
http://www.gentosha-mc.com/